《道德经》新解与现代养生

常建军 常咏梅 编著

郑州大学出版社

图书在版编目（CIP）数据

《道德经》新解与现代养生／常建军，常咏梅编著. — 郑州：郑州大学出版社，2021.1（2024.6 重印）
ISBN 978-7-5645-7453-6

Ⅰ.①道…　Ⅱ.①常…②常…　Ⅲ.①《道德经》-养生（中医）
Ⅳ.①B223.1②R212

中国版本图书馆 CIP 数据核字（2020）第 218222 号

《道德经》新解与现代养生
《DAODE JING》XINJIE YU XIANDAI YANGSHENG

策划编辑	李勇军	封面设计	小　花
责任编辑	刘晓晓	版式设计	苏永生
责任校对	胡佩佩	责任监制	李瑞卿

出版发行	郑州大学出版社（http://www.zzup.cn）
地　　址	郑州市大学路 40 号（450052）
出 版 人	孙保营
发行电话	0371-66966070
经　　销	全国新华书店
印　　刷	廊坊市印艺阁数字科技有限公司
开　　本	890 mm×1 240 mm　1／32
印　　张	11
彩　　页	2
字　　数	197 千字
版　　次	2021 年 1 月第 1 版
印　　次	2024 年 6 月第 2 次印刷

书　　号	ISBN 978-7-5645-7453-6	定　　价	50.00 元

《岳阳楼记》　常建军　书

此书法作品荣获河南省第二十四届群众书法作品展优秀作品奖

庆历四年春，滕子京谪守巴陵郡。越明年，政通人和，百废具兴，乃重修岳阳楼，增其旧制，刻唐贤今人诗赋于其上，属予作文以记之。

予观夫巴陵胜状，在洞庭一湖。衔远山，吞长江，浩浩汤汤，横无际涯；朝晖夕阴，气象万千。此则岳阳楼之大观也，前人之述备矣。然则北通巫峡，南极潇湘，迁客骚人，多会于此，览物之情，得无异乎？

若夫淫雨霏霏，连月不开，阴风怒号，浊浪排空；日星隐曜，山岳潜形；商旅不行，樯倾楫摧；薄暮冥冥，虎啸猿啼。登斯楼也，则有去国怀乡，忧谗畏讥，满目萧然，感极而悲者矣。

至若春和景明，波澜不惊，上下天光，一碧万顷；沙鸥翔集，锦鳞游泳；岸芷汀兰，郁郁青青。而或长烟一空，皓月千里，浮光跃金，静影沉璧，渔歌互答，此乐何极！登斯楼也，则有心旷神怡，宠辱偕忘，把酒临风，其喜洋洋者矣。

嗟夫！予尝求古仁人之心，或异二者之为，何哉？不以物喜，不以己悲；居庙堂之高则忧其民；处江湖之远则忧其君。是进亦忧，退亦忧。然则何时而乐耶？其必曰先天下之忧而忧，后天下之乐而乐乎。噫！微斯人，吾谁与归？

范仲淹　岳阳楼记

乙未春月之际　常建军书于岳阳楼记

老子
道可道非常道名可名非
常名無名天地之始有名
万物之母常無欲以観其妙常
有欲以観其徼此両者同出而
異名同謂之玄玄之又玄衆
妙之門
天下皆知美之為美斯悪已
皆知善之為善斯不善已故有
無之相生難易之相成長短
之相形高下之相傾音声之
相和前後之相随是以聖人
處無為之事行不言之教万
物作焉而不辞生而不有為而
不恃功成而弗居夫唯弗居是以
不去

不尚賢使民不争不貴難
得之貨使民不為盗不見可
欲使民心不乱是以聖人之治
虚其心実其腹弱其志強
其骨常使民無知無欲使夫
知者不敢為也為無為則無
不治矣
道沖而用之或不盈淵兮似
万物之宗挫其鋭解其紛
和其光同其塵湛兮似或存
吾不知誰之子象帝之先
天地不仁以万物為芻狗聖
人不仁以百姓為芻狗天地
之間其猶橐籥乎虚而不屈
動而愈出多言数窮不如
守中

上徳不徳是以有徳下徳不
失徳是以無徳上徳無為而
無以為下徳為之而有以為
上仁為之而無以為上義為之
而有以為上礼為之而莫之応
則攘臂而扔之故失道而後
徳失徳而後仁失仁而後義
失義而後礼夫礼者忠信之
薄而乱之首也前識者道
之華而愚之始也是以大丈
夫處其厚不居其薄處
其実不居其華故去彼取此

無事及其有事不足以取
天下
知者不言言者不知塞其
兌閉其門挫其鋭解其紛
和其光同其塵是謂玄同
不可得而親不可得而疎
不可得而利不可得而害
不可得而貴不可得而賎
故為天下貴
其安易持其未兆易謀其
脆易泮其微易散為之于
未有治之于未乱合抱之
木生于毫末九層之台
起于累土千里之行始于
足下為者敗之執者失
之是以聖人無為故無敗
無執故無失民之従事常
於幾成而敗之慎終如始則

無敗事矣是以聖人欲不
欲不貴難得之貨学不学
復衆人之所過以輔万物之
自然而不敢為
信言不美美言不信善者
不辯辯者不善知者不博
博者不知聖人不積既以
為人己愈有既以與人己愈
多天之道利而不害聖人
之道為而不争
老子終

丙申春月
常建軍臨道徳経

前言

《吕氏春秋·孟春纪·贵公》中记载了这样一件事：

> 荆人有遗弓者，而不肯索，曰："荆人遗
> 之，荆人得之，又何索焉？"孔子闻之曰："去
> 其'荆'而可矣。"老聃闻之曰："去其'人'
> 而可矣。"故老聃则至公矣。

意思是说，这个荆人（楚国人，荆是古代楚国的别
称）爱自己国家的人，对他们一视同仁，所以自己的弓
遗失在楚国，就不愿去寻找，因为自己的弓还是会被楚
国人拾到。用今天的话讲，这个荆人是一个爱国主义者。
而孔子则要求去掉"荆"字，爱所有的人。用今天的话
讲，孔子是一位人类主义者。至于老聃（老子），则要求
去掉"人"字，泛爱万物，视万物与人为一体。因此
《吕氏春秋》赞美他是"至公"。老子正是《礼记·中
庸》说的"致广大而尽精微，极高明而道中庸"之人。
下面就来介绍本书主人公——老子及其思想。

— 1 —

　　老子姓李，名耳，字伯阳，又称老聃，春秋末期楚国苦县（今河南鹿邑县东）厉乡曲仁里人。他是我国古代伟大的哲学家和思想家，道家学派的创始人。老子的生卒年不详。相传老子刚出生时耳朵特别长、特别大，于是父母便给他起名为李耳。因其两耳垂肩，故又称老聃，聃为"耳朵大且下垂"之义。又传老子的母亲怀了九九八十一年身孕才从腋下产下老子，老子一生下来就是白眉毛白胡子，故称老子。以上传说只是后人杜撰的，但这些传说也并不完全是空穴来风的，他是古代的圣人，"圣"的繁体字写作"聖"，《说文解字》曰："聖，通也。从耳，呈声。"意思是说能称为圣的人，听觉一定十分灵敏。也就是说，所谓圣人就是用耳知情、用口言理、开明睿智、耳聪目明、百事通达之人。因此，后世工匠在给老子画像时就特别注意突出老子的大耳垂轮的神态。

　　据《史记》记载，老子曾担任过周朝"守藏室之史"。周朝的守藏室相当于今天的图书馆，因此老子就相当于今天的图书馆馆长。周朝是一个很注重礼仪和文化的朝代，因此老子所在的守藏室不仅藏有丰富的典章书籍，还藏有一些十分珍贵的档案和文物。老子处在这样一个职位上，除了可以博览群书，还可以看到许多珍贵的历史资料和上古文物。加之老子天资聪慧，悟性极高，所以成为当时名声很大的学者。《史记》还记录了孔子向老子问礼的故事。孔子三十多岁时，曾专程去向老子请教学问，他受到老子的点拨后获益匪浅，并被老子的学识深深折服。后来孔子在自己的学生面前称："吾今日见老子，其犹龙邪？"把老子比作能"乘风云而上天"的龙，对老子表现出极大的崇敬。

春秋末期，周王室发生内乱，各诸侯国都热衷于权力争夺，相互攻伐，导致战乱频仍、民不聊生。据有关史料记载，老子对当时的政治状况极为不满，对周王室也失望透顶。最后，他决定辞官西行，离开朝廷。老子由东都洛邑（今河南洛阳）向西行，途径三门峡的函谷关时，守关令尹喜看见一团紫气从东边飘来，认为必有圣人到来，赶忙迎接。只见一位老者骑着青牛徐徐而来，正是老子。这也是"紫气东来"的出处。尹喜对这位大学者的隐退甚为惋惜，便劝他著书立说，老子推辞不掉，于是就著书上下两篇，共五千余言，世人称为《老子》或《道德经》。老子完书之后，便出关向西而去，老子的结局正史没有记载，《史记》说"莫知其所终"。据说老子因修道而长寿，大概活了一百六十余岁。老子所著《道德经》具有玄妙的思想和深邃的哲理，因此老子也被后人推举为"中国哲学之父"。

老子所著的《道德经》与《易经》《论语》一起被认为是对中国人影响最深远的三部思想巨著。老子的思想全部包含在《道德经》中。《道德经》的内容涉及人性修养、处世哲学、治国之道、军事哲学等，它体现了老子对世情的洞察和睿智的思索。《道德经》受到后世极大的推崇，被誉为"万经之王"。它对中国的古典哲学、科学、政治、宗教等都产生了深刻的影响，对中华民族性格的铸成和国家的统一与稳定起到了不可估量的作用。

老子思想对政治的影响清楚地体现在西汉前期的政治上。西汉前期的几位皇帝都崇尚"黄老"（黄帝和老子，故统称为"黄老"），主张清静无为，汉文帝的皇后窦太后更是要求皇子"读老子尊其术"，竭力维护道家地位。西汉施行老子清静无为政治取得的成果，就是在中国历史上出现了至今仍为人所称道的"文景之治"。唐朝开国之初，唐高祖李渊便追认老子为其李氏远祖。初唐之际，唐太宗李世民在政治上也坚持老子的"贵清静、重无为"的思想，他罕动干戈、抑情损欲、安抚百姓、宽刑简法、鸣琴而治，有效地保证了百姓休养生息，促进了经济发展，开创了中国历史上著名的治世——"贞观之治"。盛唐之际，唐玄宗亲自注解《道德经》颁布天下。汉唐两大王朝的兴盛，有力地证明了老子政治思想的积极作用。

在哲学方面，老子的影响更大。他所开创的道家学派在中国存在了两千多年，以各种方式、从不同角度影响着人们的思维方式。魏晋玄学与老子思想的密切关系，已是公认的事实。就连以儒家正统自居的宋明理学，在构建自己的理论体系时也吸收了大量道家思想。

在宗教方面，老子的影响同样是巨大的。东汉时，老子已被皇室视为神灵祭祀。东汉末年，道教正式建立，老子被尊为教圣。特别是五斗米道，对老子更是推崇备至，尊其为"太上老君"，《道德经》一书被视为圣书教典而用于教诲道徒。

中国的传统文化是丰富的，然而其主流实际只有两个：儒家和道家。儒、道两家互为表里，相辅相成，不仅共同铸就了中国传统文人的性格心理，甚至对于整个中华民族生活习俗、思维方式的形成，都起到了主导作用。作为中国汉字特有的一种传统艺术——书法，虽为中国儒学教育中必备的技能之一，但也蕴含着道家理论的血脉，如书写时切忌刻意人为，尊崇自然表达书者性情，以及"计白当黑"等书法理论，无不体现着《道德经》中"道法自然""无为无不为"的思想。作为道家学派的开山之作，老子的《道德经》虽然只有五千多字，但却言简意丰,不仅涵盖了社会、政治等领域的问题,而且蕴含着丰富的人生哲理和处世智慧。如今我们耳熟能详的许多成语,如"紫气东来""大智若愚""慎终如始""哀兵必胜""上善若水""天长地久""金玉满堂""宠辱不惊""见素抱朴""少私寡欲""自知之明""出生入死""以德报怨""天网恢恢,疏而不失"等等,都是从《道德经》中来的,它们如同警句一样,激发着我们的灵感,启迪着我们的智慧。《道德经》多用韵文写成,语言简练、情节生动、形象鲜明、结构严谨,是艺术上的绝妙之作,文学价值极高。其韵律多抑扬顿挫,读来有"声出金石"之感,堪与古希腊的《荷马史诗》相媲美。

由于《道德经》涉及中国古代的一些养生术,又有关于生命和修炼的一些神秘的表述,故被古今道学家挖掘、提炼,指导人们修身养性。再加上《史记》记载:"盖老子百有六十余岁,或言二百余岁,以其修道而养寿也。"因此,《道德经》在其流传过程中为一些养生家所借鉴。在日益紧张的现代生活中,每个人的压力都十分大。现在医学研究认为,许多身心性疾病,如高血压、冠心病、消化性溃疡、结肠癌和焦虑抑郁症等,都与压力大直接相关。老子主张人们"宠辱不惊""少私寡欲"

"上善若水""返璞归真"的理念，对于舒缓当代人的压力大有裨益。因此，《道德经》对于现代人来说，无疑是一剂心理保健之良药。本书结合当前最新的中西医学理论和科学的健身理念，为读者提供了丰富的养生知识和切实可行的健身方法。为了更好地阐述正确的健康知识，书中还举出了一些医学案例，纠正了人们的许多养生误区，只是这些健康知识分散在本书的各章节中，需要读者耐心地读完全书，方可获取大量的医学知识和正确的健康理念。

前引《吕氏春秋》中荆人遗弓的故事，说明老子是一位泛爱万物，视万物与人类为一体的"至公"者。当前社会，有些国家和地区因不注重发展方式，过度开发大自然，以牺牲环境为代价追求经济发展的高速度，导致人类生存环境恶化，极端恶劣的灾害频发，这是大自然对人类过度开发的报复，与老子倡导的"顺应自然"的理念相悖。2020 年初发生的新型冠状病毒肺炎（Corona Virus Disease 2019，COVID-19）疫情，与人类烹食野生动物有关。每种动物都是地球上的生命形式，人类应该与其友好，和谐共生。野生动物更是人类赖以生存的生态系统中重要的组成部分，人类不可随意捕猎、宰杀、食用和交易野生动物。否则，会自食恶果！几千年前的老子就能泛爱万物，认为人类终究是整个大自然的一部分，人类唯有顺应自然，大自然才可以恢复正常的循环往复，才能真正做到人与自然的和谐共存。另一方面，老子认为，由于人类是自然中的一部分，所以人类社会发展的规律与大自然的运行规律是相通的，如自然中存在"弱的东西可以胜强的事物"等诸多现象，他把这种现象借鉴到人类社会中进行阐发，这在《道德经》中比比皆是。

由于《道德经》不易理解，有些注释和译文，学术界颇有争议。本书采用的原文是以中华书局 2011 年版《老子道德经注》为底本的，我们本着"以老解老"的原则，不囿于其他读本，尽量在本书中提出更符合全篇中老子思想的解释。

最后，还必须说明，作者写本书是想结合多年从医经历和生活经验，从不同角度阐述对《道德经》这部伟大著作的理解和认识，以达到学习经典、领悟人生和指导养生之目的。由于中华文化博大精深，限于作者本人学识，会致本书挂一漏万。然而，每一名中国人都有承担起"坚定文化自信"的历史责任。但随着时代的变迁，由于我们不求甚解，有时会完全错误理解古圣先贤的思想，许多人还不以为然，导致望文生义。如孔子说："朝闻道，夕死可矣。"我们若解释成"如果你早上听懂了道理，晚上就可以死了"，那谁还敢去闻道呢？大家宁可不闻道，因为一闻道，晚上就要死了。其实这句话正确的意思是你这个时候懂得道理，就会发现以前犯过许多错误，那怎么办？把以前的错误"譬如昨日死"，然后重新做人，跟早上（朝）、晚上（夕）完全没关系。正像明代学者袁了凡说的"从前种种譬如昨日死，以后种种譬如今日生"一样。又如我们长期曲解了"人不为己，天诛地灭"这句话，认为"人不自私，老天爷都不放过，都会天诛地灭"。其实，我们错误理解了其中的"己"字，它不代表个人、自己，而是指人固有的本性，即良心，也叫作自性。这句话是说："人如果不能成为一个有人性的人，则天地不容。"其中"为"字念"wéi"，是"修养、修为"之意，而不读"wèi"，不是"为了"之意。还有"慎独"，人们普遍认为这是儒家要求君子修养的重要内容，指一个人在独处时也一定要小心谨慎。然而作如此理解，并不全面，难道人多的时候就可以不慎重了？其实，"慎独"的深层次含义是要坚守人性，做你自己，坚持崇道修德不要受别人干扰，与"人不为己"的含义有相似之处。总之，本书作者也愿为中华文化的正本清源做点努力，这也是写本书的另一目的。还有，我们虽已理解了《道德经》中某些内容的含义，但如何把老子的学说用得顺乎自然才是真正值得考虑的问题，能做到这种水平的人才具有上等的智慧。实际上，同样一句话，不同的人来解读它，有不同的感受。德国哲学家黑格尔认为，对同一格言，年轻人所理解的意义，总不如饱经风霜的老年人所理解得广泛和深刻。因此，学以致用是写本书的又一目的，为此，书中列举了大量鲜活事例以飨读者，希望大家在阅读本书之后能有较大收获，真正做到"知行合一"。

千淘万漉虽辛苦，吹尽狂沙始到金。虽然为本书付出了许多努力，但由于作者本人水平有限，书中难免有错误和疏漏之处，希望读者能给予批评、指正。

常建军

2020 年 3 月 8 日

目　录

《道德经》共五千余字，分为八十一章，这是由道家"九九归一"的理念而来的。"九九归一"指的是"周而复始""归根到底"和"终始"，体现了"道"字包含万事万物变化规律的意蕴。学界普遍把《道德经》分为上、下两篇：以前三十七章为《道经》，后四十四章为《德经》。也有学者并不分篇，统称为《道德经》。本书遵从学界习惯，把它分为《道经》和《德经》来阐述。

 上篇·道经

第一章　众妙之门

道可道^①，非常道^②；名可名^③，非常名。无名^④天地之始，有名^⑤万物之母。故常无欲^⑥，以观其妙^⑦；常有欲，以观其徼^⑧。此两者同出^⑨而异名，同谓之玄^⑩，玄之又玄^⑪，众妙之门^⑫。

【注释】

①道可道：可以用语言描述的规律，就不是永恒不变的规律了。第一个"道"的意思是规律、法则和准则，甚至指公序良俗、通行惯例等。第二个"道"的意思是诉说、描述。

②常道：永恒不变的规律。

③名可名：可以叫得出的名字，就不是永恒不变的

名字了。第一个"名"是名字的意思，第二个"名"是称呼、叫的意思。

④无名：没有名字的东西，指"无"，延伸意思为空间或空。

⑤有名：有名字的东西。这里泛指物质或元素，如钾、钠、钙、碳，或金、木、水、火、土。

⑥无欲：清净无欲。

⑦其妙：天地万物微妙之处。

⑧徼：边界，引申为表面或表层。

⑨两者同出：空间（无）和物质（有）同出于道。

⑩玄：玄妙幽深。

⑪玄之又玄：玄妙又玄妙。

⑫众妙之门：万物变化的源头。

【译文】

可以用语言描述的规律，就不是永恒不变的规律了；可以叫得出的名字，就不是永恒不变的名字了。有了空间（"无"），才开始出现天地；有了物质元素（"有"），才开始产生万物。所以如果我们经常保持清静无欲的状态，就可以观察、探究天地万物的微妙之处；如果我们欲望满满，就只能看到天地万物的表象。空间（"无"）与物质("有")同出于道而有不同的名称，它们都很奇妙。玄妙又玄妙，是万物变化的源头。

【解析】

此为《道德经》开宗明义的第一章。老子在本章首先告诉我们，人类语言的发明，确实为我们的信息交流提供了极大的便利，但语言在描述、诉说事物时也存在着极大的缺陷。"道可道，非常道"的意思是说，永恒不变的"道"，是无法用语言描述清楚的，也就是说，语言的表述能力是有限的，即"言不尽意"。老子认为，不管是自然大道、宇宙大道还是人间大道，一旦我们自认为讲明白了，其实就偏离它了。因为"道"不受时间、空间的限制，而语言恰恰是一种限制。宋代诗人张孝祥在《念奴娇·过洞庭》中，有"素月分辉，明河共影，表里俱澄澈。悠然心会，妙处难与君说"句。意思是说在这临近中秋的夜晚，洞庭湖如灿烂的银河，那种美景无论如何也不能用语言来向你诉说。又如每当我们听到《斯卡布罗集市》这支忧伤的恋歌，就不由自主地想起最美丽、最难忘的初恋。这种感觉用世界上任何语言都是无法描述清楚的。这首创作于中世纪的古老英国民歌，它所表达的情感，真可谓"妙处难与君说"。

　　古人认为，在天地万物形成之前，宇宙间有一片混沌之气，这种混沌之气又叫元气。我们的始祖盘古，用一把开山斧，劈开了这混沌，清气上升变成了天，浊气下沉凝结变成了地，而天地间就形成一片巨大的空间。所以说，只有有了这片空间，才会有天和地，故称"无名天地之始"。世间万物又是由各种元素构成的，古人认为是金、木、水、火、土构成了世间万物，故称"有名万物之母"。

　　老子在这一章里极力主张清静无为，反对多欲妄动。如果一个人多欲，那么他在认识事物时就会受到诸多主观欲望的干扰和蒙蔽，只能及"表"，而不能"由表及里"。而只有摒弃了个人欲望，内心虚静的人才能领会到宇宙万物间的真谛。《庄子·大宗师》上曾说："其耆欲深者，其天机浅。"意思是说，一个人欲望太重，他的天然智慧就少。耆，此处通"嗜"，为爱好之意，引申为欲望。故老子说"常无欲，以观其妙；常有欲，以观其徼"。

　　天地宇宙间有许多奇妙，如果不断地去探索它们，就可以发现其中的奥秘。《礼记·大学》说："欲诚其意者，先致其知；致知在格物。"此话给我们留下一个成语"格物致知"。意思是人们只有不断地探究事物原理，才能从中获得智慧，或从中感悟到某种事物的真谛。此与本章中"玄之又玄，众妙之门"的意思相近。

林则徐说："海纳百川，有容乃大；壁立千仞，无欲则刚。"这是对山河雄伟的赞美，说明海的宏大，山的挺拔。还用来比喻人的胸怀宽广、大度，既要有宽容的性格，又要为人正直，做到大公无私，方可站得稳，行得正，无私则无畏。然而，人的本性是贪得无厌的，往往做不到"无欲则刚"，经常会因得不到华而不实的东西，而辗转反侧、忧思难忘。《黄帝内经》讲："忧思伤脾。"因此，欲望太满，忧思愁闷，会伤害脾胃，从而影响我们的健康。现代医学认为，我们许多疾病，都与脾的功能有关，因脾"统血"，为人的"后天之本"，不仅直接影响人的消化功能，更关系人的免疫力。而且脾的特性是"喜燥恶湿"，许多人夏天喜欢熬夜，吃夜宵，喝凉啤酒，此行为最伤脾。我们都知道熬夜耗伤精血，致脾不"统血"；寒凉啤酒属"水湿"，是中医致病的"六邪"，最伤脾，久之会导致人体气滞血瘀，免疫力低下，是百病之源。

第二章　功成弗居

天下皆知美之为美，斯恶已^①；皆知善之为善，斯不善已。故有无相生^②，难易相成，长短相较^③，高下相倾^④，音声^⑤相和，前后相随。是以圣人处无为^⑥之事，行不言之教，万物作焉而不辞^⑦，生而不有，为而不恃^⑧，功成而弗居。夫唯弗居，是以不去^⑨。

【注释】

①斯恶已：就显露出丑陋来。斯，就。恶，丑。已，句末语气词。

②有无相生：有（物质）和无（空间）在相互对立中得以产生。

③相较：相互比较。

④倾：一侧，引申为依赖。

⑤音声：形成音乐节奏的为音，简单的发音为声。

⑥无为：顺应自然，不提倡人为。《淮南子·原道训》中提到："所谓无为者，不先物为也。"就是说某种事物条件尚不成熟的时候，不要人为地勉强去做。

⑦万物作焉而不辞：万物自然生长而不去干涉。作，兴起。不辞，不去干涉。

⑧恃：依赖。

⑨不去：不会失去。

【译文】

　　如果天下的人都知道美好的东西是美的，那么丑陋的东西就显现出来了；都知道善良的事情是善的，那么不善良的事情就自然显露出来了。有和无在相互对立中产生，难和易在相互对应中形成，长和短在相互比较中显现，高和下在相互依赖中存在，音和声在相互应和中区分，前和后在相互对比中出现。所以圣人所做的事就是顺应自然而不提倡勉强的人为，圣人的教化也是顺应人心而不提倡言语教化的。万物按其自然规律生长而不加以限制，生养了万物而不据为己有，帮助了万物而不依赖它们，建立了功劳而不居功。正因为圣人从不居功，所以其功绩也不会泯没。

【解析】

在本章的前一部分，老子着重阐明了存在于社会、自然界中的一般辩证关系，如知道什么是"美"，那么"丑"自然就显示出来了，以及有"高"才有"下"等等。紧接着，老子就把这种辩证关系引入政治领域和人们的社会关系中。既然美与丑、有与无、高与下等相互对立的东西，必须相互依赖才能存在，那么在政治和社会领域，无为和无不为、言教和不言教、居功和不居功，这些相对的关系就一定存在。既然没有"无"就没有"有"，那么有"无为"，自然也会"无不为"。关于此点，可以用东汉时期开国名将冯异的故事来说明。冯异，字公孙，颍川父城（今河南宝丰）人，原为新莽末年颍川郡郡掾，后归顺汉光武帝刘秀。冯异能征善战，大破赤眉，平定关中，协助刘秀建立东汉，后任征西大将军。冯异还有一个绰号叫"大树将军"，他善用兵，指挥进退有度，屡打胜仗，军中号令整齐。然而每打一次胜仗，其他将军便自诉功劳，吵闹不休，要求记功。冯异每于此时，便悄悄地躲在大树下静坐，等各位将军争功吵闹完毕，他便走出来，继续率领将士行军作战，从不与人争功，故众人称其为"大树将军"。冯异为人谦虚，虽屡立战功，却懂得退让，最终被汉光武帝封为阳夏侯。这个故事诠释了本章"功成而弗居。夫唯弗居，是以不去"的含义，说明了从不去争功，功劳反而不会丢失的道理。

本章告诉我们，天下一切事物都包含着正反两面，这对我们的健身有一定的启示。最近一段时期，社会上兴起"健美热"，有些人盲目追求外形美，拼命练肌肉，看起来美，然而有研究表明，中国人适合训练内脏的健康，即减少内脏脂肪、增加脊柱侧肌肉等。不能像欧洲人那样，进行高强度的健美训练，否则会因训练不当而走向反面，如大量训练，导致疲劳性骨折、肌腱损伤等情况的就医者，屡见不鲜。这就由"美"变成"丑"了。因此，任何事情适合自己的才是"美"的，健身也是如此。

第三章　圣人之治

不尚贤①，使民不争；不贵难得之货，使民不为盗②；不见③可欲，使民心不乱。是以圣人之治，虚其心④，实其腹；弱其志⑤，强其骨。常使民无知无欲，使夫智者不敢为⑥也。为无为⑦，则无不治⑧。

【注释】

①尚贤：尊崇贤人。尚，崇尚。

②为盗：当盗贼。为，当。

③不见：不显露。见，同"现"，显露。

④虚其心：使百姓心虚静，无太多思虑。其，指百姓。

⑤志：意志，这里指欲望。

⑥为：按个人主观意志行事。

⑦为无为：执行无为的政策。第一个"为"是动词，指执行。

⑧治：安定，太平。

【译文】

不尊崇贤能之人，就会使百姓不争功名；不看重珍贵物品，就不会迫使百姓做盗贼；不显露那些可以引起欲望的事物，就能让百姓思想不被扰乱。所以圣人治理天下的办法是：减少百姓的思虑，让他们不愁吃穿；降低他们的欲望，增强他们的体魄。永远使百姓没有知识、没有欲望，使那些自认为聪明的人不敢随意作为。执行无为的政策，天下就会太平。

【解析】

儒家主张"尚贤"，而老子反对"尚贤"。为什么会如此呢？《韩非子·二柄》中曾说，一旦君主重用贤人，给予其高官厚禄，真正的贤人未必会出仕，而那些不贤的人（小人）为了获取名利，就投君主所好，把自己装扮成贤人的模样，装出克己奉公的样子。殊不知，大奸似忠，这些小人一旦大权在握，就会露出本来的面目，为所欲为，贪赃枉法，祸害国家和百姓。老子看清了这一点，所以反对尚贤。《礼记·大学》有一段记载：

> 小人闲居为不善，无所不至，见君子而后厌然揜其不善而著其善……
>
> …………
>
> 长国家而务财用者，必自小人矣。彼为善之，小人之使为国家，菑害并至，虽有善者，亦无如之何矣！

意思是说小人闲居独处时容易做坏事，而且什么坏事都做得出来；遇到道德君子后，他们就会遮遮掩掩地将自己不好的方面掩藏起来，而将好的方面故意显露出来……治理国家的人如果仅仅专注于聚敛财富，而不注重仁义，不管老百姓死活，这个君主必定是受到了小人的蛊惑。而那些国君还以为这些小人是好人，让他们去处理国家大事，那么国家和君主的灾难将一并降临。即使君主的初衷是好的，这时也无可奈何了。纵观中国几千年历史，此类情况还少吗！

关于"不见可欲"的问题。《汉书·张冯汲郑传》中记载，有一次，汉文帝率领文武大臣来到正在为自己修建的陵墓（霸陵）处视察，文帝对身边大臣们说："我准备用北山的石头做棺材，再用陈漆搅拌苎麻丝絮灌

注其中，别人再也无法盗墓了吧。"大家都表示赞同，而
大臣张释之则说："如果墓中放有可欲的东西（珍贵的物
件），即使用熔化的金属灌注南山，别人依然可以盗挖；
如果墓中没有什么可欲的东西（不值钱的物件），即使不
用石棺，又有什么值得忧愁的呢?"由此可见，可欲的东
西，不仅会为自己带来伤害，还会诱发别人犯罪。位于
成都的武侯祠，内有三国时刘备的墓葬，呈圆锥形，高
12 米，占地仅 3 亩，与其他皇家墓葬相比十分寒酸。据
史料记载，刘备建立蜀国，国力贫乏，他虽为汉中山靖
王刘胜之后，但毕竟出身寒微，因此一生十分注重节俭，
即使死后墓内也无贵重器物。历经两千年风雨，该墓并
未被盗挖，可称奇迹。这也与本章中的"不见可欲"有
很大关系。

本章后半部分，说"常使民无知无欲"。大多数人认
为，这句话突出显示了老子的愚民政策，这也是老子备
受后人责备的主要原因之一。然而事实并非如此。本章
中老子之所以要"虚其心，实其腹……常使民无知无
欲"，是因为他想让人们少学习一些世俗中狡诈的知识，
从而返璞归真地生活、交往。老子生活在春秋末年，各
诸侯国为了各自私利，尔虞我诈，经常置广大百姓死活
于不顾，发动战争，真可谓"春秋无义战"。无论战胜还

是战败，最终受害的都是老百姓。因此，老子对当时的政治状况极为不满、极为失望，最后，他辞官而去，离开东周王朝，向西经过函谷关时，写下《道德经》五千余言。此段文字表达了老子劝诫统治者在精神上要"见素抱朴"，在物质上要"少私寡欲"，反对靠游说获取个人私利，撺掇君主轻率发动不道德的战争，坑害老百姓的观点。

而我们现在身处"知识大爆炸"的时代，各种资讯铺天盖地，如果我们不加鉴别地吸收，会危害自己和社会。如现在的网络已经是5G时代，上网随时都可以浏览到各式各样的东西，有合法的信息，也有不合法的信息。一个人面对各种各样的知识，如果缺乏自制力和辨别力，很容易误入歧途，为非作歹，甚至走上违法犯罪的道路。还有，我们小时候都听说过"饭后一支烟，赛过活神仙"的"知识"，于是有人就想试试看，这样很快就吸烟上瘾了，长大后不管再怎么努力，都很难戒掉。从医学角度上分析，烟草对人体的伤害，远不是一般人们认为的只对人体的肺脏有损害那么简单，其实烟草中尼古丁、烟碱和一氧化碳等有害成分，对身体各个脏器均有很大伤害。它们可损伤全身动脉内皮细胞，导致动脉硬化和动脉夹层（一种十分凶险的病症）；诱发胃癌、肝癌、胰腺癌和乳腺癌；还损害人们的生殖系统，导致男性不育和前列腺病变，女性不孕症等。更可怕的是，最新医学研究发现，吸烟是引起眼黄斑变性的主要原因，这是一种在治疗上很棘手的病，是目前导致成人致盲的主要原因；吸烟还可以导致食管下段的压力下降，引起胃食管反流症。还有，人们都认为少量饮酒有益健康，甚至认为酒有"活血化瘀"的作用，崇信"酗酒有害，少酌怡情"。但是，最新医学研究发现，即使是极少量饮酒也会引起人的食道癌、肝癌发病率增加，无论是高度白酒，还是葡萄酒、啤酒均可致病，因为它们都含有致癌的乙醇。因此，世界卫生组织（WHO）也修改了对人们提出的健康箴言：由"戒烟限酒"改为"戒烟戒酒"。所以，老子本章所说的"无知无欲"，并不是拒绝知识，而是拒绝无"道"的知识。

第四章　和光同尘

道冲①而用之或不盈②，渊③兮似万物之宗④。挫其锐⑤，解其纷，和其光⑥，同其尘⑦。湛⑧兮似或存，吾不知谁之子，象帝之先⑨。

【注释】

①冲：虚。

②盈：满，圆满。

③渊：深邃复杂，难以认识。

④宗：宗主，主宰者。

⑤挫其锐：挫去万物的锋芒。其，代指万物。

⑥和其光：使万物的光芒柔和一些，不刺眼。光，泛指人或物的长处、优点。

⑦尘：尘埃，比喻缺陷。

⑧湛：无形无影的样子。

⑨象帝之先：好像在天帝之前。象，好像。

【译文】

　　规律是空虚无形的，而作用是无穷无尽的。规律又是那样的深邃复杂，好像是万物之主宰：它挫去万物的锋芒，从而化解它们之间的纷争；隐藏万物的光彩，从而使它们都不太完美。规律是无形无影的，但似乎存在着。我不知道是谁产生了它，只知道它好像在天帝之前。

【解析】

　　老子劝诫人们办事应不求圆满，留有余地，这是正确的。《管子·白心》中说"日极则仄，月满则亏"。太阳到了最高处以后，就开始走下坡路；月亮正圆时，就是亏损的开始。既然"盛"是成功与衰败的转折点，因此办事就不应该求"圆满"，这样就不会走向"极盛"，从而衰落。可以说明此种情况的事例颇多，如《红楼梦》中，秦可卿曾多次规劝王熙凤，贾府值此"烈火烹油、鲜花着锦"的极盛之时，就应该事事收敛才好，也不至于将来落得个"忽喇喇似大厦倾"的悲惨结局。位于河南省巩义市的康百万庄园，现在是国家 AAAA 级旅游胜地。它建于明末清初，屹立近 400 年。其间，八国联军入侵北京，慈禧太后携光绪帝逃离北京前往西安，后返京时路过此地，康家掌柜向清政府捐资一百万两白银以作资政，慈禧称康家为"百万富翁"，康家遂以"康百万"著称。康百万庄园内的设施、建筑，除具有雕刻、建筑学价值，还存有一块文物价值极高的康氏家训匾——"留余匾"。康家秉承"财不可露尽，势不可使尽"的中庸思想，要求子孙后辈办任何事情都不要做到极致，要留有余地，称"事太尽，未有不贻后悔者"，与本章"用之或不盈"的思想极为接近。

对于人的身体健康来说，不可"饱食终日"，也要学会"留有余"，更不可整天吃得"膏粱厚味"。因为人也是个能量平衡体，如果吃得太多，摄入过多，消耗又少，能量会以脂肪的形式在体内自动储备起来，形成脂肪肝，严重影响肝脏功能，久之，会发展成肝硬化、肝癌。另一方面，脂肪存储在身体内，形成所谓的苹果型身材，是导致身体动脉硬化和代谢综合征的危险因素，其弊大于利。体内脂肪过多，也是我们屡屡减肥失败的症结所在。通过以上分析，我们发现，减肥只有将节食和运动充分结合，并持之以恒才能成功，这也是我们保持健康的不二法门。由此可以相信，一切宣扬药物、针刺等手段可以迅速减肥的，都是不持久、不科学的方法。

本章中，老子作为一位哲学家，敏锐地感到有一个主宰万物的规律存在着，这个规律不仅是客观存在的，而且是看不见、摸不着的。那么，这个支配宇宙一切事物的规律是谁制定的呢？老子坦率地说"吾不知"，但老子肯定了这个制定者并不是"天帝"，因为"吾不知谁之子，象帝之先"。

第五章　多言数穷

天地不仁^①，以万物为刍狗^②；圣人不仁，以百姓为刍狗。天地之间，其犹橐籥^③乎？虚而不屈^④，动而愈出。多言数穷^⑤，不如守中^⑥。

【注释】

①仁：亲近，爱护。

②刍狗：古代祭祀时使用的用草扎成的狗。刍，草。

③橐籥：风箱。

④屈：尽，竭。

⑤多言数穷：越多为就越会把事情办糟。多言，多说、多为。数，屡次、多。穷，行不通。

⑥中：不偏不倚。

【译文】

天地无所偏爱，任凭万物自然生长；圣人无所偏爱，任凭百姓自由生活劳作。天地之间存留的这个大空间，不正像一个大风箱吗？虽然空虚却不会穷尽，越推拉它，风量越大。越多为就越会把事情办糟，还不如遵循着不偏不倚的正确原则去行事。

【解析】

本章中，人们会误认为老子是反对仁义的，认为天地圣人都不仁不义，把万物、人类比喻成不可珍惜的"刍狗"。然而事实并非如此。老子认为仁爱是人的本性，天地不偏爱任何东西，也无所谓仁义与否，对谁都一样，任凭万物自然发展。既然仁是人的本性，所以圣人对任何人都一样，一视同仁，任凭老百姓自由地生活。相反，如果过分强调仁义，往往会带有某些功利性，就做不到不偏不倚了，往往会把事情办砸。不如让万物按照自己的规律生长，让老百姓按照自己的意志去自由劳作。

关于"不如守中"，意思是坚守清静无为的正确原则。朱熹的《中庸章句》记载了北宋理学家、教育家程颐对"中"的论述："不偏之谓中，不易之谓庸。中者，天下之正道；庸者，天下之定理。"意思是说，不偏于一方叫"中"，不改变常规叫"庸"。"中"是天下正确的原则，"庸"是天下永恒不变的道理。如果坚持这些原则，天地归位，万物繁茂，君子处世会受益一生。此解释与老子本章所述基本一致。

"守中"也是道家推崇的修炼身心的重要方式之一。"守中"要求修炼者心无旁骛，神不离舍，使自身的精气神在体内顺畅运行。"中"在中医学中还指人体的中焦，也就是脾胃，即人的"后天之本"，它具有腐熟水谷、泌糟粕、蒸津液、化精微的功能。修炼时，具体可采用凝神、主动训练腹式呼吸的方法，以推动中焦规律地运动。这样长期坚持，可以疏肝利胆、健脾和胃、聚敛精神，十分有利于健康。

第六章　谷神不死

谷神①不死，是谓玄牝②，玄牝之门③，是谓天地根。绵绵④若存，用之不勤⑤。

【注释】

①谷神：山谷，引申为空虚、空间。

②玄牝：泛指母体。玄，玄妙。牝，雌性动物。

③门：母体的生殖器官。

④绵绵：不断绝的样子。

⑨勤：通"尽"。

【译文】

空间的神妙作用是永远不会消失的，它好像是一个玄妙的母体。而这一母体的生殖器官，就是产生万物的根源。空间的作用延绵不绝，永远存在着，万物使用它无穷无尽。

【解析】

本章进一步阐述了有关空间的思想。老子认为，空间包含着万物，就像孕育着子女的母体，因此空间也是万物产生的基础和根源。在本章中，老子特别强调了空间的重要性，认为空间（谷神）对万物起着决定性作用。为了更好地说明此观点，我们举个书法方面的例子。我们知道，书法是中国特有的一种传统艺术，深受中国文化的熏陶，是一种文字美的艺术表现形式。它以点、画等线条组合的结体为作品形态。作为艺术的书法，其实质是通过对背景底色的分割、组合来完成的，也就是黑白组合。人们常说的"计白当黑""黑多白少"等术语，即是对它的概括。其中"计白当黑"是书法艺术类的创作法则之一，意思是说要将字里行间的虚空（白）处，当作实画（黑）一样布置安排，空白处虽无着墨，亦为书法的整体布局谋篇中一个重要的、不可或缺的组成部分。"黑"指黑色线条，"白"即"空间"，没有"白"（空间）就不能成为书法作品，而且"白"的形态、比例和多少，直接决定着该作品的艺术水平和蕴含的价值。可见空间（"白"）的功用是多么巨大，而人们却往往对此视而不见。

第七章　天长地久

天长地久。天地所以能长且久者，以其不自生^①，故能长生。是以圣人后其身而身先，外其身^②而身存。非以其无私邪^③？故能成其私^④。

【注释】

①不自生：天地运行不是为了自己的生存。

②外其身：把自己置之度外。

③邪：语气词。

④私：利益。

【译文】

天地长久存在。天地之所以能够长久存在，原因在于它们的存在不是为了自己，所以能长久存在。因此，圣人把自己放在最后，反而能占先；把自己置之度外，反而能够长久地生存。不正是因为圣人不自私吗？所以反而能够成就他的利益。

【解析】

老子认为，既然有"无"才有"有"，天地因为"不自生"，因此"长生"。那么人们只有"无私"，才能"成其私"。

关于"以其不自生，故能长生"的含义对人们养生的提示，我们可以看看唐代大诗人白居易在《自觉二首》（其一）中写的诗句："畏老老转迫，忧病病弥缚。不畏复不忧，是除老病药。"意思是说，人越是担忧得病，就越容易生病，把老病放在一边别去考虑，反而能使疾病远离自己。这在医学上是有一定道理的，叫心理暗示疗法。如果一个人总怕得病，总想着"病"的问题，心理经常得到某种不良的暗示，大脑（下丘脑）会产生过多的神经递质，久之会伤害我们的器官，反而真的容易得病。不如去除这种不良的心理暗示，不去过多想它，不强迫自己，性情豁达，学会文中"以其不自生"的心态，反而对我们的健康有利，"故能长生"。

关于"后其身而身先，外其身而身存"，可以举一个现在职场上的例子。如果你是一名部门领导，平时为人谦和，在所有荣誉和利益面前总是退让，大家都会敬佩你。部门来任务时，同事们都被你平时大公无私的精神和品质感动，争先恐后地去干工作，大家都冲到前面去了，这样你就成"后其身""外其身"了。年底，由于你领导的部门齐心协力，工作取得巨大成绩，最后，还是你代表大家去领奖，你的事业蒸蒸日上，大家都一直十分地拥戴你，这不就是你最大的"身先""身存"吗？

关于"非以其无私邪？故能成其私"的问题，翻译过来意思是，不正是由于他处处没有私心，处处为别人着想，才能"成其私"吗？这里有个问题，圣人都是一心为公、无私奉献的人，怎么最后还成就了他的"私利"呢？其实不然，这个"私"，不是个人私利，是指一个人的理想、抱负和愿望。理想的实现、抱负的施展以及个人的愿望，因得到大家的帮助得以顺利完成，这就是"成其私"。圣人把自己对人类社会做贡献当成理想去追求，并不是一般人理解的私意。

第八章　不争无尤

上善①若水。水善利万物而不争，处众人之所恶②，故几于道③。居善地④，心善渊⑤，与善仁⑥，言善信⑦，正善治⑧，事善能，动善时⑨。夫唯不争，故无尤⑩。

【注释】

①上善：道德高尚之人。

②所恶：所厌恶的地方，指低洼之地。

③几于道：接近于道的原则。几，接近。

④居善地：居住善于选择地方，指卑下之地。善，善于。

⑤渊：深邃难识。

⑥与善仁：与别人交往很仁爱。与，交往。

— 31 —

⑦信：诚实。

⑧正善治：为政清静安定。正，同"政"，执政。治，清静安定，海晏河清。

⑨时：选择时机。

⑩尤：过失、罪过，引申为灾难。

【译文】

道德高尚的人就像水一样。水善于施利万物而从不与万物相争，安居于众人所讨厌的低洼之地，所以说它的行为几乎符合道的原则。他们（道德高尚之人）安居于卑下之位，思想深邃难识，与人交往仁慈友爱，言语真实无欺，为政清静安定，做事善于发挥能力，行动善于把握时机。正因为他们与人无争，所以没有灾难。

【解析】

颜回，字子渊，春秋末期鲁国思想家，孔门七十二贤之首。《论语·雍也》说："贤哉，回也！一箪食，一瓢饮，在陋巷，人不堪其忧，回也不改其乐。"这是孔子称赞颜回的话："贤德啊，颜回！吃的粗茶淡饭，住在小巷陋室，别人哪能受得了这种苦，但唯独颜回却能安于贫困的境遇，而乐于奉行自己的信仰。"这与本章中"处

众人之所恶，故几于道"描述的情况非常一致。苏辙在
《老子解》中说道：

　　（水）避高趋下，未尝有所逆，善地也；空
虚静默，深不可测，善渊也；利泽万物，施而
不求报，善仁也；圆必旋，方必折，塞必止，
决必流，善信也；洗涤群秽平准高下，善治也；
遇物赋形，而不留于一，善能也；冬凝春冰，
涸溢不失节，善时也。有善而不免于人非者，
以其争也。水唯不争，故兼七善而无尤。

此段话是对本章"上善若水"的最好诠释。

第九章　持而盈之

持①而盈之，不如其已②。揣而梲之③，不可长保。金玉满堂，莫之能守。富贵而骄，自遗其咎④。功遂⑤身退，天之道⑥。

【注释】

①持：维持。

②已：停止。

③揣而梲之：锤锻使之尖锐锋利。揣，锻磨。梲，通"锐"，用作动词，指使之锋利或尖锐。

④咎：灾难。

⑤遂：成功。

⑥天之道：大自然的规律。

【译文】

办事总要求圆满，不如停止不干。将刀刃锤锻得尖锐锋利，其锋刃必不能持久。金玉堆满屋，没有人能长久地保住它。富贵而骄横，是自取灾祸。功成名遂身即退，方是自然规律。

【解析】

马步芳公馆位于青海省西宁市城东区，始建于1942年，当时耗资3000万大洋，为民国时期军阀马步芳的私邸。公馆内许多建筑的墙面用各种玉石砌成，可以说是"金玉满堂"。马步芳是民国时期中国西北部势力最强的边疆大吏，号称"西北王"，权势熏天。但是他誓与人民为敌，投靠蒋介石，大肆屠杀共产党人，犯下滔天罪行。1949年，这个不可一世的"西北王"及其部队，被中国人民解放军以摧枯拉朽之势瞬间消灭殆尽。他无限留恋地撇下斥巨资修建的公馆，仓皇逃到中国台湾，后病死于沙特阿拉伯。由此可以看出，人生最重要的是要修身进德，而不是残害生灵，否则，即使你"金玉满堂"，也"莫之能守"。

自然规律提示人们，事物在盈满之后必会走向损毁，功成身退就是一个明智的选择。这后来成了文人的座右铭。历史上的范蠡、张良等人，都是这方面的楷模。史载，越王勾践经过"卧薪尝胆"，于公元前473年大败吴国军队，吴王夫差自尽，勾践灭吴称霸。其间，勾践全靠范蠡、文种的全力辅佐，才取得胜利，他们俩可谓是功勋卓著。但范蠡深谙"功成必身退"的道理，于是离开越国，乘轻舟周游五湖四海去了；而文种则留恋名位，不愿意离开越王勾践。范蠡临走还劝文种说："飞鸟尽，良弓藏；狡兔死，走狗烹。越王此人只可同患难，不可共富贵，不如早去。"文种不信。不久，有人诬告文种谋反，勾践随即赐剑令文种自尽。

本章主要告诫人们办任何事情都要适可而止，特别对于名利，切不可贪得无厌。历史上范蠡、张良等人深识其理，功成名遂之时，及时引退，避免被政治恶浪吞噬；而商鞅（曾任秦国大良造）、李斯等人，蔽于名利，不知进止，终于身败名裂，令人扼腕叹息。

另外，关于"富贵而骄，自遗其咎"，历史上的教训也是十分深刻的。韩愈是中唐时期的文学家、政治家、思想家和著名诗人，也是唐宋八大家之一。他有一首《游太平公主山庄》的七言绝句，令人印象深刻：

公主当年欲占春，故将台榭押城闉。

欲知前面花多少，直到南山不属人。

太平公主为武则天之女，在武则天朝，太平公主凭借其权势，占地围庄不说，甚至想独霸长安近郊的山色春光，气焰如此嚣张，古今少有，即使是女皇武则天也奈何不了她。真可谓是"富贵而骄"的典型。太平公主恃其母后而骄，干尽人间多少不平之事：霸占别人的田亩、奴役别人的妻女，甚至连春天也想霸占去，其野心、其贪婪、其放肆，充分显示出其骄横而欲壑难填的本性。然而，待武则天一死，物是人非，一切都成往事。唐玄宗当政后，太平公主仍不知进退，继续因富贵而骄横，甚至企图控制大唐政权，谋杀李隆基。事情败露后她逃入终南山，后被赐死。其山庄也被分赐予他人。真是"直到南山不属人"，落得个"自遗其咎"的下场。此诗表面上描写太平公主的山庄，实际上是讽刺公主的奢侈、虚荣和不识时务，更揭示了本章"富贵而骄，自遗其咎"所蕴含的深刻道理。

第十章　明白四达

载营魄^①抱一，能无离乎？专气^②致柔，能婴儿乎？涤除玄览^③，能无疵^④乎？爱民治国，能无知^⑤乎？天门开阖^⑥，能无雌^⑦乎？明白四达^⑧，能无为乎？生之、畜^⑨之，生而不有，为而不恃^⑩，长而不宰^⑪，是谓玄德^⑫。

【注释】

①载营魄：载，语气词，无实际意义。营魄，身体和灵魂。古人认为肉体是人的灵魂寄托之所，叫"营"。魄，指灵魂。道家认为魂是能离开人体而存在的精神，魄是依附人的形体而显现的精神，人由三魂七魄组成。

②气：精神。

③涤除玄览：清除杂念。涤，洗。玄览，心灵。

④疵：毛病，错误。

⑤知：通"智"。

⑥天门开阖：代指人的一言一行。天门，人的耳鼻口目等。开阖，开关。

⑦雌：柔和。

⑧四达：通达明白。

⑨畜：养。

⑩恃：依赖，引申为占有。

⑪宰：主宰。

⑫玄德：高尚的品德。玄，高深。

【译文】

　　让身体和灵魂结为一体，大概能够做到不分离吧？专一精神达到柔弱状态，大概能够像婴儿一样吧？清除杂念，察看内心，大概能够不犯过失吧？爱民治国，大概能够做到无为而治吧？一言一行，大概能够安居于柔雌、卑微的状态吧？明白通达做事，大概能够做到清静少为吧？道德高尚之人帮助万物成长，生养了万物却不据为己有，帮助了万物却不依赖它们，成就了万物却不做它们的主宰，这就是高尚的品德。

【解析】

本章中老子提出了得道高人的标准，这同时也是道家修炼身体和心灵的基本原则和基本理论。老子认为如果能够做到这些，不仅能够成为道德高尚之人，而且，对人的身体也有极大的益处，可以康寿延年。后来，许多仁人志士按照本章的要求，以"穷则独善其身，达则兼济天下"的准则，治国平天下，无为而治；或者修身养性，"闲看庭前花开花落"。

关于"载营魄抱一"的理解。古人认为人有三魂七魄，人的肉体为"营"，三魂七魄存于"营"中人即活，否则即死。老子认为，"营魄"应结为一体，须臾不可分离，因此，倡导人们健身也应做到"载营魄抱一"，注重以凝神静气、修炼内心、聚敛魂魄为要旨，运动与静修相结合为佳，不可过分追求外在形体肌肉的健硕。如果我们压力过大，不会释放，终日惶惶，魂不守舍（不能"营魄抱一"），即使每天有再大的运动量也带不来健康。

第十一章　无之为用

三十辐共一毂^①，当其无^②，有车之用。埏埴^③以为器，当其无^④，有器之用。凿户牖^⑤以为室，当其无^⑥，有室之用。故有之^⑦以为利，无之以为用。

【注释】

①三十辐共一毂：三十根辐条集中在一个车毂上。辐，车子的辐条。毂，车轮的中心部分，有圆孔，可以插轴。

②无：空间，这里指车毂中间插轴用的圆孔。

③埏埴：抟揉黏土。埏，抟揉。埴，黏土。

④无：此处指陶器中空的地方。

⑤户牖：门和窗。牖，窗户。

⑥无：此处指房屋中的空间。

⑦有之：物质部分或事物实体。

【译文】

三十根辐条集中在一个车毂上，正是因为有了车毂中的圆孔，才有了车的作用。抟揉黏土制造器皿，正是因为有了器皿中的空间，才有了器皿的作用。开凿门窗修建房屋，正是因为有了房屋中的空间，才有了房屋的作用。所以说，物件（有）给人带来使用上的便利，而其空间（无）才能让物件发挥作用。

【解析】

在本章中，老子着重强调了空间的作用。因为一般人只看到物件的作用及物件给人们带来的好处和便利，而看不到或容易忽略空间的作用；只知"有"，不知"无"的存在；只知"无不为"的作用，而不知"无为"的益处；只追求"刚强"，而不愿处于"柔弱"。于是老子用浅显的比喻，阐明了空间的重要性。他告诫人们，如果没有空间（无），一切东西都会失去功用。明白了这个道理，老子的"无为""柔弱"和"不敢为天下先"等一些政治主张，就不难被世人理解了。

本章的论述充满了辩证思想，因此老子不愧为中国最早、最伟大的哲学家，《道德经》也因此被道教奉为第一圣典。

第十二章　去彼取此

　　五色①令人目盲，五音②令人耳聋，五味③令人口爽，驰骋畋猎④令人心发狂⑤，难得之货令人行妨⑥。是以圣人为腹不为目⑦，故去彼取此⑧。

【注释】

①五色：青、黄、赤、白、黑。这里泛指五颜六色。

②五音：宫、商、角、徵、羽。这里泛指各种美妙的音乐。

③五味：酸、苦、甘、辛、咸。这里泛指美食。

④驰骋畋猎：纵马奔驰打猎。畋，打猎。

⑤狂：放荡。

⑥行妨：行为不良。妨，妨碍。

⑦为目：各种耳目享受。

⑧去彼取此：抛弃物欲享受而只要温饱。彼，指五色、五音、五味、畋猎等。此，指吃饱穿暖即可，不要过分追求奢华与享受。

【译文】

炫丽缤纷的色彩，使人目盲；美妙的音乐，使人耳聋；丰美的食物，使人口伤；驰骋打猎，使人精神亢奋、发狂；贵重的物品，会破坏人的操行。因此，圣人只要求吃饱穿暖即可，不求享受奢华。

【解析】

对任何一个人来说，过分享乐和逞一时之快，无论在肉体上，还是在精神上，都十分有害。虽然一时的享乐看似让人兴奋、愉悦，实则对人的长期损害是严重的。如现代社会人人都离不开手机，成为"低头族"，这极大地损害着我们的视力和颈椎。中医认为"久视伤血"，长期盯着手机或 iPad，不仅会伤害我们的视力，引起干眼症，还会扰乱体内的内分泌系统和消化系统，引起血虚证。尤其令人担忧是，因为儿童也长时间观看手机屏幕，如今婴幼儿患眼底黄斑变性病的人数十分惊人，以往此病在儿童中属于罕见。而长期浸溺在歌舞厅、练歌房中，由于超大分贝音乐的刺激，听力损害也正在一步步逼近人们。年轻人长期戴高分贝耳机，因此而患上神经性耳聋的也不在少数。天天吃着膏粱厚味、美味珍馐，导致现代病——痛风大肆发作。驰骋打猎、打高尔夫，滋生了腐败现象，有些贪官还认为自己身居高位，工作这么辛苦，贡献这么大，享受一下，甚至得一点"好处"是应该的，实际上，这正是走向犯罪的开始。因此，玩物丧志，纵欲伤身，病从口入，这些都会极大地伤害我们的健康，恐怕没有人会怀疑这些古话的正确性。

关于"难得之货令人行妨"，《左传·桓公十年》有这样的记载："周谚有之：'匹夫无罪，怀璧其罪。'"意思是说，一个人本来没有罪，可是一旦他家里藏有一块珍贵的玉璧，那就是他的大罪过了。个中原因是别人都知道他家藏宝物，就要给他罗列一些罪名，构陷他入狱，以便抢夺他的宝物，或者他家将成为偷盗者的目标，永无宁日。《道德经》第三十六章说："鱼不可脱于渊，国之利器不可以示人。"国之利器不可以让人知晓，家藏宝物也不可让人知道。《红楼梦》第四十八回说，有个叫石呆子的人，家里祖传有二十多把古扇，据说扇子上有不可多得的古人写画。贾赦说不管花多少银子都买。但是石呆子穷得连饭都吃不上了，就是死活不卖古扇。此事被应天府知府贾雨村知道了，他为讨好贾府，罗织了石呆子拖欠官银的罪名，把他拿到衙门里去，让他变卖家产赔偿，趁机把古扇抄了来，做了官价送给贾府。后来石呆子被逼自尽，落得个家破人亡的下场。石呆子何罪？怀璧之罪，岂不悲哉？

老子又说，"圣人为腹不为目"，这里的"为腹"，不能作"圣人仅仅满足于吃饱肚子"那么肤浅的理解，而是说圣人寻求内心的安宁和充实。"目"指外界所有华而不实的东西。什么叫圣人？老子说，就是内心安宁、平静，不受外界引诱、惑乱的人，因此他"不为目"，不为看见的那些充满诱惑的东西而张罗，甚至拼命。

第十三章 宠辱不惊

宠辱①若惊，贵②大患若身。何谓宠辱若惊？宠为下③。得之④若惊，失之若惊，是谓宠辱若惊。何谓⑤贵大患若身？吾所以有大患者，为吾有身⑥，及⑦吾无身，吾有何患！故贵以身为天下⑧，若可⑨寄天下；爱以身为天下，若可托天下。

【注释】

①宠辱：因受到宠爱而遭到耻辱、侮辱，也就是宠辱荣患。

②贵：看重。

③宠为下：受辱是因为宠爱导致的，所以说把宠作为下来看待。

④之：指宠辱荣患。

⑤何谓：为什么。

⑥有身：有我、有私，引申为看重自己。

⑦及：如果。

⑧贵以身为天下：以天下为重。贵，看重，引申为愿意。

⑨若可：才可以。

【译文】

　　因得宠而受辱就惊恐，这是把得宠辱荣患看得如生命一般重要。什么叫受到宠辱好像受到惊吓呢？因为辱生于宠，得到宠辱荣患就惊恐，失去宠辱荣患也惊恐，这就叫作宠辱若惊。为什么会把宠辱荣患看得如同生命一样重要呢？我们之所以宠辱若惊，是因为我们太看重自身了，如果我们达到了无私的境界，我们还会宠辱若惊吗？所以只有那些情愿把自己全部身心投入治理天下事业的人，才可以把天下交给他；只有那些爱天下人超出自己的人，才可以把天下托付给他。

【解析】

老子认为一个人如果达到无私的境界（称为"无身"），就不会因宠辱而惊恐。宠辱若惊作为大患，正是太看重自身的一切。中医认为，人有七情，即喜、怒、忧、思、悲、恐、惊，它们可以作为致病内因使人患病。如"喜则伤心，怒则伤肝，悲则伤肺，忧思则伤脾，恐则伤胆，惊则伤肾"。如果受宠就惊喜不已，则会伤害我们的心，久之导致心气虚、心血淤诸症；受辱就惊恐过度，如大祸临头状，久之则损害肾。肾又主骨、生髓、藏精，与人体的精神情志相关，肾受到伤害，长期会形成焦虑症等疾病。因此，大喜大恐都是有害于身体健康的，所以本章把"宠辱若惊"视为"大患"。相反，能够做到"宠辱不惊"，是有助于我们健康的。

老子还认为，一个人之所以会"宠辱若惊"，根本原因就是把自己的一切（包括生命和名誉等）看得太重，太爱惜自己的羽毛了。一个人如果能达到无私的境界，把个人生死利益置之度外，就不会因荣辱而受惊。而且只有这种无私无畏的圣人，才能够治理好天下，才可以把天下托付给他。唐代大诗人白居易在《达理二首》中写道："我无奈命何，委顺以待终。命无奈我何，方寸如

— 50 —

虚空。"一个人一生要经历许多磨难,我们常说"人之不如意十之八九",肯定会遇到宠辱之事,这是命运的安排,有时无法改变,故"我无奈命何,委顺以待终"。但是,如果我是一个宠辱不惊的人,内心虚静,随遇而安,不拘小节,不惧荣辱得失,那么命运也不会给我带来任何痛苦,故"命无奈我何,方寸如虚空",这样就做到了"宠辱不惊,闲看庭前花开花落"。正如北宋名臣范仲淹所作的千古名篇《岳阳楼记》中所讲,"先天下之忧而忧,后天下之乐而乐",把个人荣辱、生死完全置之度外,才是最伟大的人格和最真挚的家国情怀。

第十四章　执古之道

视之不见名曰夷①，听之不闻名曰希②，搏之不得名曰微③。此三者不可致诘④，故混⑤而为一。其上不皦⑥，其下不昧⑦，绳绳⑧不可名，复归⑨于无物，是谓无状之状、无物之象⑩。是谓惚恍⑪。迎之不见其首，随之不见其后。执⑫古之道，以御⑬今之有，能知古始⑭，是谓道纪⑮。

【注释】

①视之不见名曰夷：看它又看不见叫作无形。之，指道。夷，灭，指没有形影。

②希：没有声音。

③微：无，指没有形体。

④致诘：穷诘。致，极尽。诘，追问，追究。

⑤混：合。

⑥皦：明亮。

⑦昧：昏暗。

⑧绳绳：无形无影的样子。

⑨复归：还原。

⑩象：形象。

⑪惚恍：迷离恍惚，无法捉摸。

⑫执：掌握。

⑬御：驾驭。

⑭古始：宇宙原始。

⑮道纪：规律的主要情况或大概情况。纪，头绪，引申为主要部分。

【译文】

看它又看不见叫作无形，听它又听不到叫作无声，摸它又摸不着叫作无体。这三种特性都是无法进一步考究的，它们混合于一体。道这东西，它的上面并不显得光亮，它的下面也并不显得阴暗，它无形无影难以形容，最终还原为没有物态。这可以把它叫作没有形状的形状，没有形体的形象。它可以说是迷离恍惚、无法捉摸的，面对着它却看不见它的前头，尾随它又看不见它的后面。但是掌握了它，就可以凭借它来驾驭现实的万物运行，还能够了解宇宙原始的情形。以上所讲即有关规律的大概情况。

【解析】

本章主要描写了"道"的模样，它无形、无声、无体、无首、无尾。其中说它"上不皦"是指"阳"，"下不昧"是指"阴"，所谓"一阴一阳谓之道"，这正是《易传》中对"道"的描述，并认为世上万物都有阴阳两部分，构成事物的本性及其运动的法则，即"道"的本质。那么白天是阳，晚上就是阴，所以，一个人白天要精神好，要阳气足，这样才能够做事情；到了晚上，要慢慢"阴"起来，要让自己冷静下来，然后才可以好好睡觉。可是最近一段时期，社会上出现了一种"新时尚"，叫"夜练"，就是专门等夜晚9点以后开始锻炼。这在白领阶层中比较流行，因为他们白天工作忙、压力大，没有时间。殊不知，选择这时锻炼还不如不练。从《易传》的角度分析，晚上9点以后属阴，不宜活动，此时锻炼是违背自然规律的，会损害人的健康；从现代医学角度分析，人体的一切生理、生命活动，都受到体内

"下丘脑—垂体—肾上腺轴"的控制，夜晚体内各种激素生理性下降，如果此时运动，会扰乱我们的内分泌系统，褪黑素分泌也会减少，不仅影响我们的睡眠，还损害脏器的功能。那么什么时候锻炼最合适呢？当然是下午5～7点最佳。有些人选择清晨锻炼，甚至凌晨起来活动，这也是不科学的。因为我们人体的血压清晨时最高，达到一天的峰值，体内的激素水平也很高，此时锻炼（尤其剧烈运动）会更加推高我们的血压，容易发生心脑血管病，此类的教训屡见不鲜。另外，老年人早晨起床过猛会导致头晕，甚至晕厥，这是因为凌晨时分体内迷走神经（也就是所说的"阴气"）占主导地位，忽然起床时，体内迷走神经占主导会迅速转变为交感神经（也就是所说的"阳气"）占主导。如果起床太猛，这种转变就激烈，会瞬间出现血压不稳，引起脑供血不足；或者影响心脏，导致心慌、胸闷，医学上统称为交感神经风暴。因此，即使要早起也要缓慢起床，最好分几个步骤。总而言之，人既然是自然的一部分，每个人都是个"小宇宙"，宇宙有循环周流的特性，人体也是个完整的循环体，即"周行而不殆"，当然要遵从"道"和自然规律了。

　　本章还描述了"道"不可能是一种普通的物质性东

西，但这种东西又确实存在，有"无状之状、无物之象"。这就是说，"道"虽然看不见、摸不着，但通过对万物的观察，可以推测出其运行情况。而且"道"还能够被人们认识，一旦掌握了它，就可以驾驭、支配天下万事万物。前面曾阐述了儒家的"格物致知"思想，就是要推究事物的原理，从而获得知识和智慧。其中事物的原理即本章说的"道"或"规律"。马克思主义哲学中"规律"的含义是"客观规律是事物内部所固有的、本质的、稳定的联系，它的存在和作用，不以人的主观意志为转移"。我们可以认识、把握规律去解决现实中的矛盾，但不可违背规律去作为。此点与老子"道"的观点相似。

另外，本章也体现了老子的"规律永恒"的思想。规律远古已有之，但现在仍能左右万物，可见规律是常存常新的，其作用是永远不会消失的。

第十五章　微妙玄通

古之善为士^①者，微妙玄通^②，深不可识^③。夫唯^④不可识，故强为之容^⑤。豫^⑥焉若冬涉川^⑦，犹兮若畏四邻，俨^⑧兮其若客，涣^⑨兮若冰之将释^⑩，敦^⑪兮其若朴^⑫，旷^⑬兮其若谷，混^⑭兮其若浊^⑮。孰能浊以静之徐清^⑯？孰能安以久动之徐生^⑰？保^⑱此道者不欲盈，夫唯不盈，故能蔽不新成^⑲。

【注释】

①士：这里指有才德的人。

②玄通：思想深邃而通达。

③识：认识，理解。

④唯：正因为。

⑤容：形容，描述。

⑥豫：迟疑不决的样子。此处引申为办事谨慎小心。

⑦涉川：步行渡水。

⑧俨：恭敬，庄严。

⑨涣：散。此处形容思想开通而不固执。

⑩释：消融。

⑪敦：敦厚。

⑫朴：未加工的木材。

⑬旷：空阔开朗。这里指心胸宽广。

⑭混：混同。这里指包容。

⑮浊：浑浊的大水。

⑯静之徐清：使浊水澄清。之，代表浊水。

⑰安以久动之徐生：在安定中启动并慢慢地产生。

　　徐，慢慢地。之，代表上句的清静状态。

⑱保：占有，掌握。

⑲蔽不新成：蔽，破旧。新成，新的事物。

【译文】

　　古代那些有才德的人，思想细致精妙、深邃通达得难以被理解。正因为他们难以被理解，所以只能勉强加以描述：他们办任何事情，总是反复考虑，谨慎得像寒冬要赤足过河一样；总是高度警觉，就像提防四邻将要进攻一样；恭敬庄重，就像一位外出做客的人；通达而不固执，就像大河中将要融化的冰块；朴实敦厚，就像未经雕饰的一块原木；胸怀空阔开朗，就像那深山的幽谷；包容的胸怀，就像那浑浊不清的大水一样。除了这些有才德之士，谁还能够使自己像包容一切的浑浊的大水那样呢？但世间之人总是想让这浊水澄清下来，弄得清清楚楚；除了这些有才德的人，谁又能够永远安于这种安定清静的状态呢？但世间之人总是想打破这种虚静无为的状态，慢慢地产生各种追名逐利的活动。掌握了这种规律的人，办事是不求圆满的。正因为不求圆满，所以能够安于有缺陷的旧状态，而不盲目追求新鲜事物。

【解析】

在本章中，老子对世人的追逐名利行为进行喟叹。他认为只有得道之人（士），才能像浑浊的大水那样包容一切，其中有金银，有泥沙，有鲜花，有污垢，有赞美，有指责。而世俗之人，总是为了个人私利斤斤计较、锱铢必较，把任何事情都搞得清清楚楚。世人为了追求生活享受和个人尊严等，总是熙熙攘攘、忙忙碌碌。西汉著名史学家司马迁在《史记》中说的"天下熙熙，皆为利来；天下攘攘，皆为利往"，就是鲜明写照。然而，由于私欲蒙蔽，人们总是以主观的得失衡量事物，因此他们根本不可能有公允的是非观，因此，"静之徐清"只是人们的主观愿望而已，事实往往事与愿违。

老子认为，古代的小国寡民、结绳记事和无知无识等状态，是顺乎人的自然本性的，因此得到他的极力推崇，故他主张"蔽不新成"，就是安于现状，不盲目地追求新生事物。虽然这种带有原始状态的生活有不足之处，也过于理想化，但要求人们办事不要追求圆满，因此就能安于现状，而不盲目求变求新的提示，还是有某些积极意义的。那些不懂这个道理的人，办事总是追求圆满，为了弥补原始生活的某些不足，他们造出许多新的东西——各种器物、技巧智慧、法令制度等，使用后的结果却适得其反。看看当今世界一些超级大国，为了实现其政治目的，进行军备竞赛，我们的地球村也时时刻刻处于战争的危险之中，"流浪地球"不再是科幻，而可能成为现实。人们为了追求快速发展和经济的高速增长，不惜牺牲自然环境，导致环境恶化；个别人为了抢鲜猎奇，满足口腹之欲，大肆捕杀、烹食野生动物，导致新冠肺炎肆虐，使经济、社会和人们的生活受到极大干扰。人类社会过度开发大自然，已经显示出其弊端，此次疫情就是大自然向人类社会按下了暂停键，教训极其深刻。保护野生动物，就是保护人类自己！这确实值得人们深思。老子在几千年前就向人们呼吁"顺应自然，反对人为"。

掌握了规律的人，知道办任何事不求圆满，不求十全十美。曾国藩是晚清时期名臣，也是理学家、文学家和书法家。其修身甚严，有《曾国藩家书》传世。他在官至两江总督、武英殿大学士，封一等毅勇侯时，却为自己的书斋起名叫"求阙斋"，并著有《求阙斋日记》。阙者，缺也，即缺点、过失、不完善。"求阙"就是要努力寻找自己的过失和不足。曾国藩深谙《周易》，领略阴阳相生、一损一益的自然之理，也就是本章所述办事不求圆满的理念，取"求阙斋"名，时刻提醒自己"防盈戒满"。他能在手握重权、兴旺得意之时保持谦虚，时刻持有"求缺"的心态，严格修身律己。无怪乎，他能成为清代以文人而封侯的第一人。追求完美，是人们的本性愿望。完美即圆满，但真正的圆满，只存在于意念之中，无论是从现代哲学上还是从现实生活中看，圆满都是一个相对概念，是不可能达到的。做人还是要保持"不求完美，做事不求太尽"的自然心态，这才是本章所倡导的理念。

我们修身进德要做到"浊以止""安以久"，但练功健身却提倡"静之徐清""动之徐生"，即做到练习时使用内力、不急不躁。前几章我们多次建议，健身应注重内外兼修，凝神敛气（内）与体型训练（外）相辅相成，方显成效。因此，本章我们给大家推荐健身效果极佳的"八段锦功法"，它比较契合中国人的体质。八段锦功法又称"千年长寿操"，它是通过外导内引的方式，使人体形神相合，气寓其中，气导血行，达到神形双修，气血畅达，故有强身健体、康寿延年之功效。八段锦功法要求做到每个招式都缓慢发力，即如本章所述的"静之徐清""动之徐生"，该操适合于任何年龄的人，大家可以一试。

第十六章　致虚守静

致虚①极，守静笃②，万物并作③，吾以观复④。夫物芸芸⑤，各复归其根⑥。归根曰静⑦，是谓复命⑧。复命曰常⑨，知常曰明⑩。不知常，妄作⑪，凶。知常容⑫，容乃公⑬，公乃王⑭，王乃天⑮，天乃道，道乃久，没身不殆⑯。

【注释】

①虚：内心虚静寡欲。

②笃：深，甚。

③作：生长。

④观复：观察循环往复的道理。

⑤芸芸：众多的样子。

⑥根：出发点，引申为死亡。

⑦静：虚静。

⑧复命：死亡之后重获新生。

⑨常：永久。这里指永久不变的道理。

⑩明：明智。

⑪妄作：胡乱行动。妄，胡乱。

⑫容：包容。

⑬公：公正。

⑭王：称王，这里指治国原则。

⑮天：天之道，指自然规律。

⑯殆：危险。

【译文】

努力做到虚静寡欲，彻底坚持清静无为。万物一齐生长起来，我就凭借着清静寡欲的品质，来观察万物循环往复的情况。万物纷纭，但最终都要回到自己的出发点（原点）。回到原点意味着死亡，死亡后又会重新获得生命（新生）。这种过程是永恒不变的，懂得这个永恒的法则是明智的。不懂得这个法则，胡乱行动，就会遇到危险。懂得这一常理（法则）就能包容一切，能够包容一切就能够公正地对待一切，公正地对待一切就懂得了治国的道理，懂得了治国的道理，进而就能了解自然规律，了解了自然规律，进而就能掌握普遍规律，掌握普遍规律就能长久生存，终生不会遇到危险。

【解析】

老子认为规律运行是呈环状的循环，而万物都受规律的支配，自然也是循环往复的，称作"周行而不殆"。既然是环状循环，当事物完成一轮循环，归于死亡之后，就会重新获得生命，开始第二轮循环，如此周而复始，以至无穷。古人认为，日月会落而复生，四季会循环交替，草木会秋枯春荣，社会也会盛衰兴亡，如此循环往复。老子认为，"道"是循环往复的，它迟早会回到原点，所以他只讲"终始"，不太讲"始终"，如"慎终如始，则无败事"。为什么他总强调"终始"呢？"终始"就代表"道"是循环的，不会终结，"死"是"生"的开始，到"死"，事物、人生并没有结束，还要重新开始，这就是《道德经》所蕴含的深刻道理。而讲"始终"，表明万事万物都不循环了，一切都结束了，这不符合"道"的法则。

那么懂得了生来自死的道理，也就懂得了高来自低、上来自下、强来自弱的道理。这样就会正确对待死亡、低下和柔弱，从而安于柔弱而不一味逞强。同时，懂得了人死是自然规律往复的结果，就会看淡眼前的一切，心胸自然就开阔了，就会包容一切。然而，生命并不是简单的生死往复，活着就应该像印度诗人泰戈尔在《飞鸟集》中写的那样："生如夏花之绚烂，死如秋叶之静美。"总之，生与死就要像本章说的"一切都平静自然地进行着"。相反，如果不懂得万物循环的道理，一味逞强，其结果是"物壮则老"，自取灭亡，当然就"凶"了。

老子还要求人类生活规律，首先要效法自然规律，从自然的运行中受到启发，进而掌握普遍规律，然后再把这个普遍规律运用到人类社会生活中，这也是老子提倡的"道法自然"的基本含义。

第十七章　功成事遂

太上^①，下知有之。其次，亲而誉之。其次，畏之。其次，侮^②之。信^③不足，焉有不信焉。悠^④兮其贵言^⑤。功成事遂^⑥，百姓皆谓我自然^⑦。

【注释】

①太上：最上。这里指最好的统治者。

②侮：轻视，羞辱。

③信：诚信。

④悠：悠闲。引申为清静无为。

⑤贵言：特别重视自己的言和行，引申为少言少为。

⑥功成事遂：功勋建立，事业完成。成，成功。遂，完成，结束。

⑦自然：引申为本身的样子。

【译文】

最好的统治者，百姓仅仅知道他的存在，或他并不干扰百姓的自然生活。其次的统治者，百姓亲近他、赞美他。更次的统治者，百姓害怕他、畏惧他。最差的统治者，百姓轻视他、羞辱他。正是因为他自身的诚信不足而做出不诚信的事，百姓才不信任他。因此，最好的统治者，他们清静无为，很少发号施令，天下却会垂拱而治。天下秩序井然，而百姓都说："我们本来就是这个样子。"

【解析】

关于古代君主与百姓之间关系的好坏，老子把它分为四个层次。

最优秀的君主，让一切顺其自然，不去干涉老百姓的生活，颁布的法令也少，老百姓生活得很幸福，根本感觉不到统治者的存在。《帝王世纪》中说，尧时，天下安定太平，百姓生活幸福，有五十岁的老人，一边在田中耕作，一边唱道："日出而作，日入而息，凿井而饮，耕田而食，帝何力于我哉！"这一切都是那样的自然，百姓根本感觉不到君主的存在。

低一个层次的君主，用仁义治理天下，他们布恩施惠、功德昭彰，这也是儒家努力推崇的统治者。所以百姓亲近他们、爱戴他们、歌颂他们，如历史上的周文王、周武王等开明君主。但仁义在老子眼里已属于人为的东西，它破坏了人的自然天性，与老子推崇的无为而治的理想相比，稍逊一筹了。

再低一个层次的君主，就是那些极端专制的暴君，他们仅信奉以法家理念治国，施行严苛峻法，专用刑威，不善权变，抛弃德治，百姓动辄得咎，因此都害怕他。

最差的君主就是像商纣王一类的亡国之君，终日沉湎酒色、穷兵黩武、重刑厚敛、拒谏饰非。他专宠妖妃姐己，筑肉林酒池，发明炮烙之刑，专门残害百姓和忠臣，其行为人神共愤。百姓都羞辱、咒骂他。最终，他众叛亲离、身死国灭。三国时刘备的儿子蜀后主刘禅，亡国后被移居到魏国的都城洛阳。有一次，魏国权臣司马昭与刘禅宴饮，故意让歌伎演唱蜀国当地的歌舞，旁边的蜀国旧臣听到家乡曲都潸然泪下，不能自已。而刘禅却喜笑颜开，全无思乡之忧、亡国之耻。接着司马昭问刘禅："你还思念自己的蜀地吗？"刘禅乐滋滋地回答说："此间乐，不思蜀。"从而为我们留下了一个

"乐不思蜀"的成语。刘禅的大臣郤正听到这一回答后，非常羞愧，就对刘禅说："如果以后他再向你问这一问题，你应该先流点眼泪，然后回答说：'祖先的坟墓远在蜀地，我无日不思念啊！'回答完以后，你就闭上双眼，做出痛苦的样子。"后来，司马昭又一次询问刘禅是否思念蜀地，刘禅突然想到郤正的教诲，便按照他的话表演了一遍。司马昭问："这些话听起来怎么不像是你的话，倒像是郤正说的！"刘禅听后吃惊地睁开眼睛，盯着司马昭问道："您怎么知道的？"在场的人都哄然大笑。当然，受辱的刘禅可能还意识不到自己在受辱。听到这个故事，我们不仅会嘲笑刘禅，还会怀有无限惋惜之情：当年刘禅的父辈们桃园结义，三顾茅庐，殚精竭虑打下江山，诸葛孔明"鞠躬尽瘁，死而后已"地辅佐他，他竟然庸碌无为，不珍惜创业之艰难，麻木不仁至此，真正是个"扶不起的阿斗"。唐代大诗人刘禹锡，在刘备庙写下了著名的五言律诗《蜀先主庙》：

> 天下英雄气，千秋尚凛然。
>
> 势分三足鼎，业复五铢钱。
>
> 得相能开国，生儿不象贤。
>
> 凄凉蜀故妓，来舞魏宫前。

　　诗文清楚地记录了此段历史，歌颂了蜀主刘备的功业和诸葛亮的功绩，抨击了后主刘禅愚昧昏聩，致使蜀国基业被葬送，自己受辱而不知的景况。

第十八章　大道废弛

　　大道废，有仁义；智慧出，有大伪；六亲[①]不和，有孝慈[②]；国家昏乱，有忠臣。

【注释】

　　①六亲：父、子、兄、弟、夫、妇。这里泛指亲人。
　　②孝慈：子女爱父母叫孝，父母爱子女叫慈。

【译文】

　　大道废弃了，就有人提倡仁义；出现了智慧，就产生了虚伪；家庭不和睦，就有人提倡孝慈；国家昏暗动乱，就出现了忠臣。

【解析】

本章体现了老子丰富的辩证思想和观察事物的敏锐眼光。他认为如果天下的家庭一直都很和睦，没有不孝不慈的事情，也就无从显示出孝慈来；如果国家太平无事，一片祥和，忠臣也就无从表现出忠诚来。由此可以看出，老子能够通过值得肯定的事物，看到它们背后隐藏着的应该否定的事物，并明确指出，这些值得肯定的事物，正是从那些应该否定的事物中产生出来的。对此，中国几千年来很少有人能这样论述，我们不得不承认，老子是中国最伟大的哲学家之一。比如"孝慈"是人人赞扬，儒家极力推崇，人人应该效仿学习的。然而老子却一针见血地指出，所谓"孝慈"，正是社会上不孝不慈的标志，是不孝不慈的产物。这种洞察力不能不令人佩服，非常人所能及。

关于国家混乱与忠臣出现的关系，《旧唐书·魏徵列传》记载的魏徵与唐太宗的一段对话，说得十分清楚：

　　徵再拜曰："愿陛下使臣为良臣，勿使臣为忠臣。"帝曰："忠、良有异乎?"徵曰："良臣，稷、契、咎陶是也。忠臣，龙逢、比干是也。良臣使身获美名，君受显号，子孙传业，福禄无疆。忠臣身受诛夷，君陷大恶，家国并丧，空有其名。以此而言，相去远矣。"帝深纳其言，赐绢五百匹。

在君主圣明、政治安定的局面下，良臣能够充分施展自己的才能，结果是君臣皆大欢喜，百姓获利，共享太平盛世，如贞观之治。如果君主残暴、政治混乱的话，忠臣被诛杀，君主获恶名，最后家破国亡、玉石俱焚，如商纣王时代，忠臣比干因犯颜直谏，被剖腹剜心。可见忠臣的出现，是社会动荡的产物。魏徵对忠臣和良臣做如此区分，实际上是在借题发挥，他所借的"题"就是本章中的"国家昏乱，有忠臣"。

当然，孔子对忠臣冒死净谏的做法，是有不同看法的。《论语·公治长》中说："子曰：'宁武子，邦有道，则知；邦无道，则愚。其知可及也，其愚不可及也。'"意思就是说，政治相对清明的时代，作为国家重臣，应勤于国事，充分发挥自己的才干，为国家多做贡献；当处在国政荒疏昏聩的时代，大臣们都应明哲保身，甚至暂且隐藏起来做个隐士，以待时机。对于前者，能臣干吏都能做得到，对于后者能做到的人就很少了，宁武子这个人做到了，他装愚的办法我们比不了。为此，孔子也为后人留下一个"愚不可及"的成语，但当代人多误解误用了该成语。"愚不可及"原意是"大智若愚"，是个褒义词，而现在人的理解意思，多指此人愚蠢无比，愚蠢得别人比不上，是个十足的贬义词，这是不对的。从上文的意思中，我们也可以看出，孔子对宁武子之举表示高度赞誉，他并不赞成如忠臣比干那样犯颜直谏而惨遭横祸的行为。

第十九章　少私寡欲

绝圣^①弃智，民利百倍；绝仁弃义，民复孝慈；绝巧弃利^②，盗贼无有。此三者，以为文^③不足，故令有所属^④，见素抱朴^⑤，少私寡欲。

【注释】

①圣：聪明通达。

②利：利益。此处引申为精良、精巧之意。

③文：理论、论述。

④所属：综述，总结。

⑤见素抱朴：行为要单纯，内心应淳朴。见，表现、行为。抱，内心坚持。

【译文】

抛弃所谓的聪明才智（多指世俗的技巧），百姓就会得到百倍的利益；不去提倡仁义（仁义多是自然而然的），百姓就能做到孝慈；不要各种奇技淫巧，盗贼就不会产生。以上三条只作为理论谈谈是不够的，所以要给它们总结一些具体措施：行为要单纯，内心应淳朴；减少自己的私心，降低人们的欲望。

【解析】

生产力的不断进步，推动着人类社会向前发展，由原始社会到奴隶社会，再从封建社会到资本主义社会或进入社会主义社会。当今更是信息社会时代，社会高度发展，知识大爆炸，各种资讯和技巧蜂拥而出，鱼龙混杂。这势必会导致一些不好的社会现象产生，如社会混乱、六亲不和、假仁假义、道德滑坡等。圣、智、仁、义本来属于美德，也是儒家所大力提倡的，那么老子为什么要竭力反对呢？其一，儒家大力提倡仁、义、道、德时，说明社会上已出现不道德、不仁义的现象，仁、义本来是人们心中自然存在的东西，因此老子认为儒家大力提倡"美德"对天下人来说，是弊大于利的；其二，社会上出现的"仁"和"义"、"智"与"巧",多是功利性的知识和学问,是人们获取利益的手段,是世俗知识,提倡这些会加剧社会不诚信,甚至引起尔虞我诈。所以在本章中,老子反对"仁""义""智"等,提倡人们返璞归真、清静无为。

第二十章　独异于人

　　绝学无忧。唯之与阿①，相去②几何？善之与恶，相去若何？人之所畏，不可不畏。荒③兮其未央④哉！众人熙熙⑤，如享太牢⑥，如春登台。我独泊⑦兮其未兆⑧，如婴儿之未孩⑨。儽儽⑩兮若无所归⑪。众人皆有馀⑫，而我独若遗⑬。我愚人之心也哉！沌沌⑭兮！俗人昭昭⑮，我独昏昏⑯；俗人察察⑰，我独闷闷⑱。淡⑲兮其若海，飂⑳兮若无止㉑。众人皆有以㉒，而我独顽似鄙㉓。我独异于人，而贵食母㉔。

【注释】

①唯之与阿：应诺与呵斥。唯，表示赞同的答声。
　阿，呵斥。

②相去：相差。

③荒：辽阔，指路途漫长。

④央：尽头。

⑤熙熙：快乐的样子。

⑥太牢：宴会或祭祀时用的牛、羊、猪三牲，叫太牢。这里泛指丰盛的宴会。

⑦泊：淡泊。

⑧兆：征兆，引申为表现。

⑨孩：婴儿笑。

⑩儽儽：垂头丧气。

⑪无所归：无家可归。

⑫有馀：有富裕的财产。

⑬若遗：好像丢失了什么一样。

⑭沌沌：无知的样子。

⑮昭昭：明白的样子。

⑯昏昏：昏聩的样子。

⑰察察：精明的样子。

⑱闷闷：糊涂的样子。

⑲淡：恬静。

⑳飂：急风。

㉑无止：没有归宿。

㉒有以：有用。以，用。

㉓鄙：浅陋无知。

㉔食母：遵从道。食，遵从。母，指道。

【译文】

抛弃世俗学问，不要为逐利而绞尽脑汁。赞成与反对，相差有多远？善与恶，又相差有多少？别人所害怕的事情（多指流言蜚语），我不能不怕。前面的路真漫长啊，就像没有尽头。众人是那么欢乐，就像是去参加盛大的宴会，如春日登台，去观赏美景一样兴高采烈；而只有我淡泊处之，无动于衷，甚至像一个还不会笑的婴儿。我是如此垂头丧气，就像一个无家可归的人。众人都过着富裕幸福的日子，只有我像丢失了什么一样。因为我有一副愚人的心肠，太笨拙了。世人都那样明白通达，只有我是这样昏聩；世人是那样精明，只有我糊里糊涂的。我是这样的坎坷多难，就像那动荡不安的大海一样；我又像那飘忽不定的长风，不知何处才是归宿。众人都有用，只有我冥顽无能。虽然只有我和大家不一样，但我还要遵从道而行事。

【解析】

多数学者把本章看作一首悲情诗，类似屈原的《离骚》。我们知道，《道德经》是老子在离开周王朝途中写的。老子注重清静无为，反对征伐战争。但当时正值春秋末年，礼崩乐坏，诸侯间争名夺利，相互攻伐，不义之战频仍，因此老子对当时的政治状况极为不满，对周王朝也失望至极。但他正确的政治主张，没有人会采纳，只能成为个人的主观愿望，他空怀报国理想，于是便发出悲叹："别人的流言蜚语，我不能不怕。"可见老子当时并不被众人接受，最后辞官离去。"荒兮其未央哉"类似《离骚》中的"路曼曼其修远兮，吾将上下而求索"，充满了对自己前途渺茫的悲情和感叹！

接着，老子叙述了他与众人对待生活的完全不一样的态度。众人在物质生活中得到了无限的乐趣，品美食，游春景，兴高采烈，熙熙攘攘，而老子对此却持谨慎态度，要求人们"见素抱朴""少私寡欲"，因而受到众人的排斥，被视为异类，可以想象到他是一个所谓"一人向隅，满座不乐"的人。据史料记载，老子当时是楚国人，在周王朝都城洛邑供职，后来被迫西去，其可谓有国难投，有家难归。难怪老子发出"儽儽兮若无所归"

之长叹。在《渔父》一文中，屈原感叹"举世皆浊我独清，众人皆醉我独醒，是以见放"。这与本章中老子的"俗人昭昭，我独昏昏；俗人察察，我独闷闷"是何等相似。虽然从表面上来看意思相反，但是二人所表达的处境和当时的心境是一样的，都在斥责世人的愚昧、君王的昏聩，自己爱国的政治主张不被采用，又被流逐，遂感叹自己的孤独，两个人都充满了不被理解的苦闷和愤世嫉俗的愤懑。最后屈原被放逐，老子被迫出关，结局大致一样。因此，老子长叹"飂兮若无止"；屈原是"欲远集而无所止兮，聊浮游以逍遥"。

"我愚人之心也哉！沌沌兮！"这句话含有难得糊涂的意思。难得糊涂，并不是真糊涂，而是大智若愚，其中往往蕴藏着人生中很高的智慧。只有道德修养很高的上德之人，才能做到。清代文人郑板桥就是一位难得糊涂的人。他虽官位不高，却尽其所能体恤平民，改革弊政，勤政廉政，深得百姓爱戴。他曾在《墨竹图》上题诗一首，以表爱民情愫："衙斋卧听萧萧竹，疑是民间疾苦声。些小吾曹州县吏，一枝一叶总关情。"但由于他爱民如子，不向各种恶势力低头，所以并不为官场和世俗所容。当时已属清代中期，社会风气渐渐变坏，《儒林外史》已写出了社会的种种黑暗，他表面装出混混沌沌、无所作为的样子，实则大智若愚，自书"难得糊涂"四个大字，制成横幅以激励自己，巧妙地与贪官污吏周旋，为百姓做了大量的好事，得到后人称赞。

本章最后，老子虽然自己不被世人理解，被迫出关西去，处境难堪，心中愤懑，但仍然不改初衷，坚定不移地继续按照规律的要求去处世。像屈原在《渔父》中说的"新沐者必弹冠，新浴者必振衣。安能以身之察察，受物之汶汶者乎"那样，决不同世俗同流合污，又像屈原在《离骚》中表示的"亦余心之所善兮，虽九死其犹未悔"那样，表达了对"道"的坚贞不屈。

关于"绝学无忧"，如果从字面上理解为"拒绝学习就可以没有忧愁"，这种理解就很糟糕。又有人认为，老子讲"绝圣弃智"，就是反对圣人、反对知识的，这样理解也是有失偏颇的。其实，"绝学无忧"的意思是要放弃一切不合乎"道"的知识，不要为名利而思虑过度，也就是说我们要知"道"，并非单纯地要知"识"。20世纪90年代末，社会上网吧兴起，一些家长对这种新生事物认识不清，不能正确把握孩子玩电脑游戏的问题，尤其现在，小孩子一学会上网就很难控制自己。殊不知，电脑是把双刃剑，虽然给社会带来很大进步，但如果把握不好，也会毒害青少年一代，因此，一个人面对各种各样的知识，要看自己会不会筛选，能不能自制。有些学生痴迷于网吧游戏，耽于上网，荒废了学业，有些还走上犯罪的道路，令人唏嘘不已！许多人并不理解，为什么有些人会沉湎于网络中难以自拔，患上网瘾症，还像吸毒一样难以戒除呢？其实对于网瘾问题，现代医学认为，该病是有病理、生理基础的，有大脑的基因缺失的问题，是"病理性网瘾"，不能仅认为是痴迷，而是一种人格发育障碍病。国际疾病分类第 11 版（International Classification of Diseases 11th Edition，ICD-11）把网瘾症编码为 6C51.0 和 6C51.1。可见网瘾不是单纯的迷恋过度问题，而是一种医学上的疾病。手机本来是好的，特别是现在的智能手机，大大方便了人们生活，甚至改变了人们的生活方式。可是现在小孩子一天到晚玩手机，连路都不能轻轻松松地走；许多人没有手机就失魂落魄地不能生活，这样，人就变成了手机的奴隶。如此下去，很多人将成为"低头族"，会伴发颈椎病、脊柱侧弯和心脏神经官能症等疾病，儿童会过早出现眼底黄斑变性。

第二十一章　孔德之容

孔德①之容，惟道是从②。道之为物，惟恍惟惚③。惚兮恍兮，其中有象④；恍兮惚兮，其中有物。窈兮冥兮⑤，其中有精⑥；其精甚真，其中有信⑦。自古及今，其名⑧不去，以阅众甫⑨。吾何以⑩知众甫之状哉？以此。

【注释】

①孔德：伟大的品质，高尚的德行。孔，大。

②惟道是从：唯有同规律保持一致。惟，通"唯"。从，遵循。

③惟恍惟惚：隐约不清，难以捉摸的样子。

④象：形象，引申为内容。

⑤窈兮冥兮：幽暗深远，难以认识。

⑥精：通"情"，指性情。

⑦信：验证。

⑧其名：规律的名字或功用。

⑨甫：开始。

⑩何以：凭什么。

【译文】

伟大品质的内容，就是同规律保持一致。规律这个东西，是恍恍惚惚、没有形体的。它是那样的恍惚迷离，但其中确实有形象；它是那样的迷离恍惚，但其中确实有实物。它是那样的深邃而难以认识，却有着自己的性情特点，它的特点就是非常的真实无妄，可以验证。从古到今，规律的作用是不会被废弃的，凭借着它就可以了解万物开始时的情形。我凭什么知道万物开始时的情况呢？就是凭借着规律（道）。

【解析】

本章中老子给德下了一个定义，明确指出它与道的关系是从属关系。王弼在《老子道德经注·三十八章》中说："德者，得也。……何以得德？由乎道也。"意思就是说，道作为天地间的总规律，是浑然一体的，是普遍规律。但是世间万物各自的秉性特征是千差万别的，又是多姿多彩的，万物各自有其自身特殊的规律，即德。德这个特殊规律是从道这个普遍规律中衍化出来的。简而言之，道与德的关系是河水与盆水的关系，一盆水是从大河水里舀出来的。

本章中，老子认为道是恍惚迷离、不可捉摸、无形无声的；但同时他又敏锐地觉察到，道确实又是一个客观存在的东西，所以道又"其中有象""其中有物"，这正是规律的特点。我们知道，客观规律是看不见、摸不着的，但又是客观存在的，并且它不以人的主观意志为转移，这相当于老子说的道；每个事物的规律又可以通过实践来认识、掌握和利用，这相当于老子说的德。真实无妄、诚信不欺又是规律的另一个特点，这在自然界表现得特别明显。古人常说"信如四时"，认为四季更替，从不欺人。而且，老子还认为普遍规律是永恒不变、亘古即有的，它先天地生。只要掌握了万物的普遍规律，不但能用它驾驭今天的事物，而且能够推演出远古时期的情况。

第二十二章　圣人抱一

曲①则全，枉②则直，洼则盈，敝则新，少则得，多则惑③。是以圣人抱一④，为天下式。不自见⑤故明⑥，不自是故彰⑦，不自伐⑧故有功，不自矜⑨故长。夫唯不争，故天下莫能与之争。古之所谓曲则全者，岂虚言哉！诚全而归之⑩。

【注释】

①曲：委屈。

②枉：弯曲。

③惑：迷乱。

④抱一：坚守道德原则。抱，坚持。一，指道德原则或天理。

⑤见：同"现"，表现。

⑥明：显明，指为众人所知。

⑦彰：彰显。

⑧伐：夸耀。

⑨矜：矜持，骄傲。

⑩诚全而归之：把保全之功归于这些原则。诚，确实。全，保全。之，代表以上原则。

【译文】

委屈反能保全，弯曲反能伸直，低洼反能充盈，陈旧反能更新，少取反有收获，贪多反会迷乱。所以圣人能够始终坚持道德原则如一，从而成为天下的楷模。他们不自我表现，所以才名扬天下；不自以为是，所以才名声彰显；不自我夸耀，所以才有功劳；不自高自大，所以才能长久地保持地位。正因为他们不与人争，所以天下没有人能够同他们相争。古人所说的"委曲求全"这些话，难道是空话吗？确实应该把保全之功归于这些原则。

【解析】

关于"曲则全"的典型例子，可以看《史记·淮阴侯列传》所记载的西汉开国功臣韩信甘受胯下之辱，而成就其伟业的故事。韩信在落魄时被地痞无赖欺负，当时为了保命，忍辱从别人的胯下爬过。这就是因为他胸怀大志，才能够忍受胯下之辱，委曲求全，最终成就一番大事业，被汉高祖刘邦称为汉初三杰。如果他当初挥刀杀了这个地痞无赖，那历史上就没有后来叱咤风云的韩信了。相反，我们看《水浒传》中记载的杨志卖刀的故事：杨志因丢了花石纲，被高太尉赶出殿帅府。他因身上没钱，只好卖掉祖传的宝刀，恰巧遇上恶霸牛二，对杨志百般无礼刁难，杨志忍无可忍，一刀杀了牛二，即到官府自首。结果，他也是命运多舛，再次丢失生辰纲，最终也被逼上梁山。这就是不懂得"曲则全"道理的鲜活例子。

关于"夫唯不争，故天下莫能与之争"，这是本章和《道德经》全篇的主旨之一。在本书第二章中，我们曾举过东汉大树将军冯异的例子来说明这一主旨，这里不再赘述。

第二十三章　希言自然

　　希言①自然。故飘风不终朝②，骤雨不终日。孰为③此者？天地。天地尚不能久，而况于人乎？故从事④于道者，道者同于道，德者同于德，失者同于失⑤。同于道者，道亦乐得之⑥；同于德者，德亦乐得之；同于失者，失亦乐得之。信不足，焉有不信焉。

【注释】

①希言：很少讲话，引申为清静无为。

②飘风不终朝：狂风刮不了一整个早晨。飘风，狂风。终朝，整整一个早晨。

③为：产生，制造。

④从事：寻求。

⑤失：过失，错误。

⑥得之：愿意在一起。

【译文】

清静无为才合乎自然法则。所以说狂风刮不了一整个早晨，暴雨也下不了一整天。谁制造的狂风暴雨呢？是天地，天地尚不能长久维持这种剧烈变动的状态，更何况人呢？所以说追求大道的人，其言行就会符合大道，修养美德的人就会彰显美德，坚持错误言行的人就会屡犯错误。愿意同大道在一起的人，大道也乐于同他随行；愿意同美德在一起的人，美德也乐于与他随行；愿意同错误在一起的人，错误也乐于跟随他。这都是由于自己的诚意不够，才不被大家信任。

【解析】

在这一章中，老子举出狂风暴雨持续不了一早上、一整天的事例，是要表达某件事情的时间不会持续太久的意思，并不局限于一定超不过一早晨、一整天。他认为天地尚不能作法持久，人类就更不可能了。老子主要是想借天地这一事例，说明人们要清静无为，不要随意作为，只有如此才符合自然法则。

关于"同于道者，道亦乐得之；同于德者，德亦乐得之"，是说如果人们乐于崇道修德，那么道也乐于帮助你，德也乐于伴随你，人们也会愿意追随你。所谓"德不孤，必有邻"（见《论语·里仁篇》），意思是说，有道德风尚的人，一定有志同道合的人来和他相伴，不会孤单。《礼记·大学》中记载了一句话："是故君子先慎乎德，有德此有人，有人此有土，有土此有财，有财此有用。"意思是说作为君主一定要恪守道德，那样就一定会得到民众的广泛支持和追随，就会拥有土地，就会增加财富，就会增强国力，这样天下就能得到大治。

关于"信不足，焉有不信焉"，《礼记·中庸》中说："上焉者，虽善无征，无征不信，不信民弗从……故君子之道，本诸身，征诸庶民。"意思是说君王治理天下，要以自身道德修养为根本，光嘴里喊施仁政、重道德没有用，要拿出崇道重德的行动来，以取得百姓充分的信任，才能得到天下人的拥戴。

第二十四章　物或恶之

企^①者不立，跨^②者不行，自见^③者不明，自是者不彰，自伐者无功，自矜者不长。其^④在道也，曰馀食赘行^⑤。物或恶之^⑥，故有道者不处^⑦。

【注释】

①企：踮起脚跟。

②跨：迈大步。

③见：表现。

④其：代指行为。

⑤馀食赘行：多余无用的行为。赘，多余的，累赘。
行，同"形"，形体。

⑥物或恶之：惹人厌恶。或，也许。恶，厌恶。

⑦不处：不这样做。

【译文】

踮起脚想站得高一些反而站不稳，迈开大步想走得快一些反而走不远，自我表现反而名声不大，自以为是反而声誉不高，自我夸耀反而没有功劳，自高自大反而不能长久。用大道去衡量这些行为，可以说是多余无用的。大家都讨厌这些行为，所以懂得大道的人是不会这样做的。

【解析】

关于"企者不立，跨者不行"，讲的实际上是做事情欲速则不达的道理。《论语·子路》记载："子夏为莒父宰，问政。子曰：'无欲速，无见小利。欲速，则不达；见小利，则大事不成。'"意思是说，子夏要外出做官了，临行时拜见老师孔子，请教如何做官。孔子告诫他两条原则：一是不要急于求成，要懂得欲速则不达的道理；二是不要只盯着小利，眼光一定要放长远。

关于"自见者不明"，我们可以看看三国时期杨修的故事。杨修为曹操军中主簿，也是才高八斗之人，写得一手锦绣文章，常年跟随曹操南征北战。但是其最爱自我表现以显其才，又不知收敛。一次，杨修随曹操屯兵汉中，与蜀军马超作战。马超英勇无比，曹军一时无法取胜，进退两难。曹操心中焦急，见碗中鸡肋肉，便有感于怀，随口下达当夜口令："鸡肋!"杨修听到口令，自忖大王发出"鸡肋"口令，意欲退兵，因为鸡肋食之无用，弃之可惜，如此两军对峙已无意义，必然退兵。他便私自收拾行装准备撤退。此事被曹操闻之，因其才智为曹操所忌，不久后，曹操便找借口杀了杨修。可惜一个大才子，聪明反被聪明误，最后还"误"掉了自己的性命。岂不知，曹操当时地位如同君王，他的意思，你杨修怎好去妄加猜测，殊不知"天意从来高难问"，上位者的心意你如何乱度量，可惜杨修不懂此理而空负才名。

关于"自伐者无功"，我们可以看看《三国演义》中谋士许攸的故事。曹操在官渡与袁绍作战，以少胜多，取得了完全胜利，其中谋士许攸立了大功。可是许攸此后每每自我夸功，令人讨厌。结果有一天，他又在武将许褚面前夸耀，许褚一气之下把他给杀了。曹操听说，后悔莫及并深责许褚，但也无可奈何了。许攸不仅功劳没保全，命也"夸"没了。所以懂得大道的人，是不会这样做的。

第二十五章　道法自然

　　有物混成①，先天地生，寂兮廖兮②，独立不改，周行而不殆③，可以为天下母④。吾不知其名，字之曰道，强为之名曰大。大曰逝⑤，逝曰远⑥，远曰反⑦。故道大⑧，天大，地大，王⑨亦大。域中⑩有四大，而王居其一焉。人法地，地法天，天法道，道法自然⑪。

【注释】

①混成：混然而成。

②寂兮廖兮：无声无形。寂，无声。廖，无形。

③殆：通"怠"，懈怠，引申为停止。

④母：根本，法则。

⑤逝：远去，引申为行进、发展。

⑥远：引申为极盛状态。

⑦反：同"返"，返回本原。

⑧大：代指道、规律。

⑨王：称王，统治天下。

⑩域中：指天地间。

⑪自然：本身的样子。

【译文】

有一个事物混然而成，它出现在天地之前。它无声无形，独立存在而永不改变，循环运动而永不停止，可以把它当作天地万物产生的基础。我不知道这个事物的名字，就给它起个名叫"道"，再勉强给它起个名叫"大"。"大"使万物运动发展，发展下去然后走向极盛，走向极盛后又要返回本原。所以说，道有道的规律，天有天的规律，地有地的规律，治国有治国的规律。天地间有四种主要规律，而治国的规律只占其中的一种。治国的规律要效法大地运行的规律，大地运行的规律要效法天运行的规律，天运行的规律要效法普遍规律，普遍规律效法它自身的本性。

【解析】

老子认为道是先天地生，而且是产生天地万物的先决条件，即道在物先。道是普遍规律，又是天地万物运行的总规律，是万物产生的基础，但它不直接产生万物。老子还认为，规律运行是永恒的、循环往复的，从出发点开始，然后走向极盛，最后又回到出发点，即所谓"周行而不殆"。马克思主义哲学认为，事物的发展是一个由低级到高级发展的辩证活动，基本趋势是一个螺旋式或波浪式的前进过程，与老子描述的"周行而不殆"相似。

老子在本章中举出了宇宙间的四种主要规律，这四种规律以道为首，道是天、地、人和世界万物效法的对象，由此可以证明，老子说的道是一种普遍规律，而各自事物有自身特定之规律，即德。由于普遍规律只能通过天地的运行才能体现，所以老子在本章中明确主张人类要向大自然学习，即"道法自然"。古人认为人类的许多发明应归功于大自然的启示。《理惑论》中有一段记载："牟子曰：'夫转蓬漂而车轮成，窊木流而舟楫设，蜘蛛布而罻罗陈，鸟迹见而文字作。'"牟子说："人们看到蓬草在地上随风旋转，发明了车轮；看到木片在水上漂流，发明了舟船；看到蜘蛛结网，发明了用来捕鱼兽的网罟；看见鸟的足迹，发明了文字。"此外，关于"道法自然"，学界还有一种解释："法"在这里作"就是"解，意思为"道就是自然"，也通。

关于"王亦大"，老子认为君主统治和管理天下，也应遵循一定的规律。《礼记·中庸》中说："故君子尊德性而道问学，致广大而尽精微。"意思是说，君子若要齐家、治国、平天下，应遵从自然规律，通过学习不断修养自身的德行，既能达到宽广博大的宏观境界，又能穷尽精微细致的微观境界，这样就能治理好国家，从而达到统治天下的目的了。

第二十六章　重为轻根

重为轻根，静为躁君①，是以圣人终日行不离辎重②。虽有荣观③，燕处④超然，奈何万乘之主⑤，而以身轻天下？轻则失本，躁则失君。

【注释】

①躁君：动的根本。躁，动。君，主，引申为根本。

②辎重：原指行军打仗时带的粮食、装备等，此处指圣人出门所带的衣食用品。

③荣观：奇观、美景。

④燕处：安居。燕，安闲。处，居。

⑤万乘之主：拥有万辆战车的大国君主，古时一车四马为一乘。

【译文】

重是轻的基础，静是动的根本。所以圣人整天行走，也不离开他必需的衣食行李，即使有奇观美景也安闲而居，超然物外而不为所动。为什么一个大国的君主能因个人轻浮享乐而不重视国家呢？轻浮就会失去国之根本，妄动就会丢掉君位。

【解析】

在本章中，老子对"重""轻""静""躁"都赋予了更广泛、更深刻的意义。如"重"，既包括客观事物中的重与否，又包括主观思想上是否重视。对圣人来说，衣食是他们的根本，那对普通人来说，衣食何尝不是每个人的根本呢？但是，人们很少把普通的衣食当作根本，因为大家都乐于追求生活中华而不实的东西，这也是人们的通病。随着社会经济的发展，人们不再为吃穿发愁了，但是从一个极端又走向另一个极端，如饮食上追求"膏粱厚味"（可以认为是本章称的"荣观"），这对我们的健康极为不利。

现在我国脑血管病的发病率居高不下，为世界第一，严重威胁着人们的生命安全，这与人们喜好高盐饮食关系甚大。我们都知道，盐的主要成分是氯化钠，它是维护生命的重要物质，无可或缺。但是过多摄入盐危害更大：钠离子进入人体，会锁住水分不让其排出体外，导致身体血容量增加，形成高血压，高血压又是引起心脑血管疾病的万恶之源；人们普遍爱吃的过咸食物，如腌制食品，还是引起口腔癌、食道癌和胃癌的危险因素，因为高浓度钠离子本身会刺激食道黏膜，加之腌制食品中均含有亚硝酸盐，亚硝酸盐进入人体内会转化成亚硝胺，而后者是世界卫生组织（WHO）明确公布的致癌物；长期高盐饮食还会加重人们的肾脏负担，引起肾功能不全，目前我国患肾功能不全的病人（包括尿毒症）已高达一亿三千万，大多数靠终身透析来维持生命。遗憾的是，我国居民每人每天摄盐量大大超标，中国高血压联盟推荐每人每天摄盐量最好维持在 6 克以下，而我国北方居民每人每天平均摄入量是 16 克，南方是 12 克。我们所说的"膏粱厚味"还指咸味重的快餐、油炸食品、名贵糕点和酱类调味品等，因其味道醇厚鲜美，加之商家不当宣传，故极受当下人们的青睐，虽然有些食品我们在吃时根本感觉不到咸味，但它们无一不是含有高盐成分的食品。所以，倡导人们清淡饮食（主要指低盐），这无疑对我们的健康十分有利。

　　另外，本章把衣食比喻成圣人的修德行为，须臾不可舍弃，所以即使有奇观美景，圣人也安静地守在衣食旁边（不断修道），而不受任何干扰。老子又把这一原则引用到政治领域，认为大国君主不注重修养和提高自身道德，偏偏追求一些奇珍异宝、美女婵娟，纵情享乐，思想轻浮，动辄发动战争，陷人民于战乱之中。许多春秋时期的大国因轻率好战而导致国破家亡，教训十分深刻。故孟子对此感叹："春秋无义战。"

第二十七章　常善救人

善行无辙迹①，善言无瑕谪②，善数不用筹策③，善闭无关楗④而不可开，善结无绳约⑤而不可解。是以圣人常善救人，故无弃人⑥；常善救物，故无弃物，是谓袭明⑦。故善人者，不善人之师；不善人者，善人之资⑧。不贵其师，不爱其资，虽智大迷，是谓要妙⑨。

【注释】

①辙迹：车轮碾过的痕迹。

②瑕谪：过失。瑕，瑕疵，毛病。谪，谴责。

③筹策：古时计数用的筹码。

④楗：门闩。

⑤绳约：绳索。约，绳。

⑥弃人：被遗弃的人。

⑦袭明：承袭了明智。袭，承袭，有保持或含藏的意思。明，明智。

⑧资：借鉴。

⑨要妙：重要且微妙。

【译文】

善于行走的人，不留车迹；善于言谈的人，无懈可击；善于计算的人，不用筹码；善于关闭的人，不用门闩却坚固不可开；善于捆缚的人，不用绳索却牢不可解。因此，圣人总是善于教育挽救人，所以没有被遗弃不用的人；总是善于挽救使用万物，所以没有被遗弃的废物。这些做法可以说是明智的。善人是不善人的老师，不善人是善人的借鉴。不善之人不重视他们的老师，善人不吸取他们的经验教训，即使是聪明人也会变糊涂。这真是重要且微妙的道理。

【解析】

关于"善言无瑕谪"，这一点一般人很难做到。晚清名臣曾国藩做到了文人经常标榜的"立德、立功、立言"三不朽，他在批评人方面确实有独到之处。据《曾国藩家训》记载，曾国藩经常教育部下要"扬善于公庭，规过于私室"。意思是说，表扬一个人要在大庭广众之下，而批评一个人要到私下无人处。要面子、爱虚荣是人们的共性缺点，曾国藩正是抓住了人们的这个弱点去行事，结果被表扬的人在战场上更加英勇作战，被批评的人因不失面子而真心改过，最后他领导的事业蒸蒸日上。可以说，曾国藩就是一个"善言"的人。

关于"无弃人""无弃物"的问题。圣人之所以善于使用众人的才能，是因为圣人不求全责备任何人，有什么样的才能，就给他安排什么样的职位，因材而用，各尽其能，所以在圣人那里就没有被抛弃的人和物。《晋书·陶侃列传》记载了东晋著名诗人陶渊明的曾祖父陶侃的一则故事：

> 时造船，木屑及竹头悉令举掌之，咸不解所以。后正会，积雪始晴，听事前馀雪犹湿，于是以屑布地。及桓温伐蜀，又以侃所贮竹头作丁装船。其综理微密，皆此类也。

这说的是陶侃造船时把木屑和用剩的竹头全部收集起来，大家都不理解。后来正月里，夜雪初霁，官员来往办事，地上余雪未化，一片泥泞，于是陶侃就下令把积攒的木屑铺在地上方便行走。桓温伐蜀时，又把陶侃积累的竹头做成竹钉，用于造船。其实，用人和用物是一个道理，只要善于思考，看似无用的事物到时都能派上用场。战国时期四公子之一的孟尝君田文在困秦期间，因善于使用"鸡鸣狗盗"之徒，得以顺利逃回齐国。鸡鸣狗盗之人，在一般人看来只有鄙视，实在没有太大用处，然而正是这些看似无用之人，关键时刻却救了孟尝君一命。由此看来，只要使用恰当，即使他们身上存在某些性格缺陷，也会转化为有利于自己的优势，因此圣人眼里就没有无用之人和无用之物。遗憾的是，三国时期的诸葛亮虽然未出茅庐而三分天下，功高盖世，并为汉家江山"鞠躬尽瘁，死而后已"，然而在用人上却存在不足之处。他对人才过于"求全责备"，以致蜀国后期出现"蜀中无大将，廖化作先锋"的不利局面，北伐屡遭挫折，致"出师未捷身先死，长使英雄泪满襟"。看来，"金无足赤，人无完人"，做事还要学会用人之长，避人之短。

老子还提醒我们，作为善人要教育、挽救不善的人，让不善人成为有用之才；同时善人也要经常把不善人当成借鉴。孔子说："见贤思齐焉，见不贤而内自省也。"意思是说，看见有德行、有才干的人就要向他学习，看到没德行的人，自己的内心先去反省，是否和他有一样的错误。也就是说，要重视向不善人借鉴一些不好的行为，把这些当成自己的教训，这才是真正的聪明。

第二十八章　常德乃足

知其雄，守其雌，为天下谿①。为天下谿，常德不离②，复归于婴儿。知其白③，守其黑④，为天下式⑤。为天下式，常德不忒⑥，复归于无极⑦。知其荣，守其辱，为天下谷⑧。为天下谷，常德乃足，复归于朴⑨。朴散则为器⑩，圣人用之⑪则为官长⑫。故大制不割⑬。

【注释】

①谿：同"溪"，山间的小水沟，比喻低下的位置。

②离：消失，丧失。

③白：明亮，引申为显赫的位置或处上位。

④黑：暗昧，引申为下位或不显赫的位置。

⑤式：榜样。

⑥忒：错误。

⑦无极：指无穷的力量。

⑧谷：川谷，比喻低下的地位。

⑨朴：原指未加工过的木材，这里比喻真朴的"道"。

⑩器：万物，这里比喻"德"。

⑪用之：顺应万物的本性。用，顺应。之，代指万物本性。

⑫官长：百官的首长，指君主。

⑬割：不伤害。

【译文】

知道什么是雄强，却安于柔雌的地位，甘做天下的沟溪。甘做天下的沟溪，高尚的品德就永远不会丧失，就能恢复到无知无欲的婴儿状态。知道什么是显赫，却安于低下的地位，做天下的榜样。做天下的榜样，品德就永远不会出差错，就具有无穷的力量。知道什么是荣耀，却安于屈辱的地位，甘做天下的川谷。甘做天下的川谷，高尚的品德就会永远保持，就能够恢复到真朴的"道"的状态。"道"这个总规律会分散为万物各自的规律。圣人就顺应着万物各自的规律去进行管理，成为百官的首长。所以说最完美的治理，是不伤害万物的本性而顺从各自的规律。

【解析】

据说，曾国藩在率领湘军与太平军作战时，由于自己书生意气，与当时官场不和，导致缺乏后援支持，四处碰壁。后来，他仔细研究了《道德经》和《南华经》，认真总结了带兵以来的利害得失，写了一副对联送给左宗棠："敬胜怠，义胜欲；知其雄，守其雌。"一是向左宗棠表明自己再次出山的心迹，二是决心改变自己以往强硬的作风。此副对联的意思就是"要用仁义的正道，去战胜自己的私欲，勤于王事，百折不挠；虽知道刚强的显要，却坚守柔雌的心态和地位，以柔克刚，转败为胜"。结果，从此以后，他带领着湘军节节胜利，终于取得了最后的成功。曾国藩正是应用了《道德经》中"知雄守雌"的办法摆脱了一切对自己不利的局面，才赢得了功绩。

本章中，老子把道比喻成朴木，它虽表现得朴实无华。但是，道又是取之不尽，用之不竭的，《管子·白心》中说："道者，一人用之，不闻有余；天下行之，不闻不足。"道作为天地间总规律，可以用它来探求出各种事物的规律——德（朴散则为器）。管理者掌握了这些规律，就可顺应它去很好地治理天下了。

第二十九章　去奢去泰

将欲取^①天下而为之，吾见其不得已^②。天下神器^③，不可为也。为者败之，执者失之。故物或行或随^④，或歔或吹^⑤，或强或羸^⑥，或挫或隳^⑦。是以圣人去甚，去奢，去泰^⑧。

【注释】

①取：治理。

②不得已：达不到目的。

③神器：神奇的东西。

④或行或随：有前有后。行，前行。随，落后。

⑤或歔或吹：有缓有急。歔，同"嘘"，慢慢地吐
　气。吹，急吹。

⑥赢：瘦弱。

⑦或挫或隳：有折损有毁坏。挫，降低。隳，毁坏。

⑧泰：过度。

【译文】

想治理天下，并按照个人意志去作为的人，我看他很难达到目的。天下是个神奇的东西，是不能随意人为的。谁想随意作为，谁就会失败；谁想把持天下，谁就会失去天下。所以事情往往会这样：本意是想快步走到前面去，结果却落后了；本来想轻轻吹口气，结果却猛吹了一下；本意是想变得强壮，结果却变得瘦弱了；本来是想稍稍减一点下来，结果却全部毁坏了。所以圣人去掉那些极端的、奢侈的、过分的言行。

【解析】

老子认为治理天下要清静无为、顺其自然，按照个人意志去治理，只能是失败。谁想去把持天下，就会失去天下。这符合历史唯物主义观点，马克思主义认为，社会历史的发展有其自身固有的客观规律，它是随着生产力的进步而发展的，而不是某个英雄（君主）推动了历史的发展。人民群众是历史的创造者，而不是英雄创造了历史。这也就是老子强调的"天下神器，不可为也"。因此，有人想按个人意志任意作为，或总想把持天下，结果必然是失败或灭亡。

老子还认为，世界上的事情多是事与愿违的。按照现代流行语说就是"理想很丰满，现实很骨感"。理想是人们的主观愿望，现实却往往不令人满意。生活中这样的例子不胜枚举：本来感冒了，若是病毒感染，服些抗病毒的中药即可，结果许多人选择用抗生素治疗或输液，导致输液反应，或因滥用抗生素并发真菌感染，少数病例甚至因此而死亡。这种案例在临床上并不少见，教训也极为深刻。既然世界上的事往往事与愿违，人们更应该杜绝那些过分的想法，生活上尽量简约，去除那些奢侈的行为，顺势而为。老子的这些言论虽然有些绝对，但对我们现代人来说，确实有一定的借鉴意义。

第三十章　不以兵强

以道佐^①人主者，不以兵强^②天下，其事好还^③。师之所处^④，荆棘生焉。大军^⑤之后，必有凶年^⑥。善有果^⑦而已，不敢以取强^⑧。果而勿矜^⑨，果而勿伐^⑩，果而勿骄，果而不得已，果而勿强。物壮则老，是谓不道^⑪，不道早已^⑫。

【注释】

①佐：辅佐，帮助。

②兵强：以武力取胜。

③其事好还：用兵这种事很快会得到报应。好，很快。还，报应。

④所处：部队驻扎过的地方。

⑤大军：大战。

⑥凶年：荒年。

⑦果：胜利了。

⑧强：逞强。

⑨矜：自大。

⑩伐：夸功。

⑪不道：不符合道。

⑫已：停止。这里指灭亡。

【译文】

按照规律去辅佐君主的人，是不会依靠武力逞强于天下的。用兵这种事很快就会得到报应的。军队驻扎过的地方，荆棘丛生。大战之后，必是荒年。只要取得胜利就罢手，不敢靠武力逞强。胜利了而不自大，胜利了而不夸耀，胜利了而不骄傲，胜利是出于不得已，胜利了而不逞强。事物强盛了就会走向衰败，求强求壮的做法是不符合规律的，不符合规律很快就会灭亡。

【解析】

老子在这一章明确提出反对战争，同样，春秋战国时期的各学术流派均对战争采取特别慎重的态度。墨子认为侵略别的国家，不仅会给对方造成重大损失，而且对本国也没什么好处。最重要的是，无论战胜国还是战败国，老百姓都会成为受害者，这点毋庸置疑。《墨子·非攻中》说它"夺民之用，废民之利"，将士死伤无数，计算起来，"其所得，反不如所丧者之多"。这可以作为侵略国"其事好还"的注脚。唐代大诗人李白在其《子夜吴歌·秋》中写道：

> 长安一片月，万户捣衣声。
>
> 秋风吹不尽，总是玉关情。
>
> 何日平胡虏，良人罢远征。

意思是说，如此皎洁的月光下，长安的人怎么了？不去花前月下喃喃私语，捣衣干什么呢？原来边塞战端连绵，他们都忙着为戍边之人赶制衣物。古代制衣须先将布帛放在砧上，用杵捣平捣软，才好裁制，是谓捣衣。李白不愧是诗仙，他描写了月色如银的京城表面一片平静，但在此起彼落的捣衣声中，却蕴含着千家万户的痛苦的情景，读来让人感慨不已。这痛苦正是当政者欲"以兵强天下"造成的。

《孙子兵法》中一开篇就指出，"兵者，国之大事，死生之地，存亡之道，不可不察也"。孙子是研习兵法和战争的军事家，但在他看来，战争是会大量死人的，应该严肃对待战争，不可轻启战端，不可穷兵黩武。因此，他写《孙子兵法》，特别强调了战争的重要性和残酷性，他研究兵法不仅是为了"善战"，更重要的是为了"止战"。孟子认为春秋时期就没有正义的战争，也就是说，一些战争是毫无意义的，这既表达了孟子的历史观，也表现了春秋时期战乱频仍的客观形势。战国时期，七雄争霸，社会动荡不安。更有所谓纵横家，如张仪之流，凭借自己的三寸不烂之舌去游说各诸侯国，取悦于各国君主，以达到个人谋取高官厚禄之目的。他们挑拨离间，舌灿莲花，尽显己之能事，轻易挑起战端，陷各国人民于水深火热的非义战之中。这是老子极其反对的，他还郑重告诫大家轻启战端是不道德的，不道德会加速自身的灭亡。

第三十一章　恬淡为上

夫佳①兵者，不祥之器。物或恶之，故有道者不处②。君子居则贵左③，用兵则贵右。兵者，不祥之器，非君子④之器，不得已而用之，恬淡⑤为上，胜而不美⑥。而⑦美之者，是乐杀人。夫乐杀人者，则不可得志于天下矣。吉事尚⑧左，凶事尚右。偏将军⑨居左，上将军⑩居右，言以丧礼处之。杀人之众，以哀悲泣⑪之。战胜，以丧礼处之。

【注释】

①佳：精良。

②处：引申为使用。

③君子居则贵左：古人认为左阳右阴，阳代表生，

阴代表杀，所以平时以居左为贵，战时以居右为贵。居，平时。

④君子：有道之人。

⑤恬淡：清静淡泊。

⑥美：赞美。

⑦而：如果。

⑧尚：崇尚。

⑨偏将军：副将。

⑩上将军：主将。

⑪悲泣：悲痛的心情。

【译文】

兵器，是不祥之物。大家可能都不喜欢它，所以有道之士不去使用它。君子平时都以左边为贵，作战时却以右边为贵。兵器，是不祥之物，不是君子应该使用的器物，万不得已时才使用它，最好漠然对待它。即使战胜了也不应赞美它，如果赞美它，就等于以杀人为乐。以杀人为乐的人，是不可能得志于天下的。吉庆事习惯以左边为上，凶丧事则以右边为上。打仗时副将安排在左边，主将则位于右边，这就是说要用办丧事的礼节去处理战争的事。战争杀人众多，要带着悲痛的心情参加战争，战胜了，也要用办理丧事的礼节去处理它。

【解析】

从本章可以看出，老子对待战争和使用武器的态度是谨慎的。他认为一般情况下不要使用武器，不要轻启战端，绝对不可穷兵黩武。但也不是绝对禁止战争，在迫不得已时可以用兵。另外，老子认为不要以战胜为乐，应以悲哀的礼节去对待战争，见好就收。

1937 年 7 月 7 日，日本帝国主义悍然发动全面侵华战争。同年 12 月 13 日，由于国民党集团战略严重失误，南京保卫战失利，南京城陷落，城内百姓又未能做到有效撤离。侵华日军对南京城及附近地区进行了有预谋的长达 6 周的大屠杀，遇难总人数超过 30 万。侵华日军还公然违反国际条约和人类基本道德准则，竟然开展“杀人竞赛”。日本兵以先杀死 100 名中国人为胜，“以杀人为美”“以杀人为乐”。1945 年，日本战败，由于其大部分资源都投入了侵略战争，日本国内的情况变得十分糟糕，经济崩溃，民不聊生，加上美国又在日本投放了两颗原子弹，更是雪上加霜，原子弹投放地遗留的放射性危害至今尚未消除。据相关的流行病学调查报告，日本现在仍然是世界上白血病和核放射性疾病的高发国家。

几千年前老子就告诫人们，要谨慎对待战争，否则将自食恶果。我们不得不佩服，老子这位哲学大师的睿智和先见之明。

第三十二章　知止不殆

道常无名^①，朴虽小^②，天下莫能臣^③也。侯王若能守之^④，万物将自宾^⑤。天地相合以降甘露^⑥，民莫之令^⑦而自均。始制^⑧有名，名亦既有，夫亦将知止。知止可以不殆^⑨。譬道之在天下，犹川谷之于江海。

【注释】

①无名：虚无，指规律处于看不见、摸不着的状态。

②小：微不足道、朴实无华。

③臣：臣服，役使。

④之：规律。

⑤宾：顺从。

⑥甘露：代指祥瑞之气。

⑦民莫之令：没有人指使它们。之，指代自然、
　天地。

⑧制：指人类活动。

⑨殆：危险。

【译文】

规律永远处于一种虚无状态，它就像未加工过的原木一样，虽然看起来微不足道、朴实无华，但天下没有谁能够支配它。王侯如果能遵循着规律，万物将会自然而然地宾服。天之气和地之气相互交融而降下甘露，没有人指使它们却能自然均匀安定。自人类开始活动，也就出现了各种有名称的器物。器物出现以后，人类也应该懂得适可而止。懂得适可而止就能避免危险。譬如道与天下万物各自的规律的关系，就好像江海与河川的关系一样。

【解析】

老子把道比作未加工过的原木，既形象又容易理解：原木可以加工成各种各样的器具，如桌、椅等，而道可以转化为各种具体事物的规律；原木是各种器物的来源，道是各种具体规律的来源；原木无人工痕迹，道同样是

原始自然的。

老子强调，道是自然规律，无论是君子还是君主都要遵循它。如《礼记·中庸》中记载："天命之谓性，率性之谓道，修道之谓教。道也者，不可须臾离也，可离非道也。"意思是说：上天所赋予我们的品德（规律）叫作性，遵循这些自然规律就叫作道，按照道德的原则来修养自身就叫作教，道是不可片刻离开的，可以离开的就不是道。这与老子讲的很相似，只要做到"侯王若能守之，万物将自宾"，天下自然会得到很好的治理。

另外，老子在人们制造器物这件事上抱着过犹不及的态度。他并不反对人们使用某些器物，但要求人们在制作并使用器物时要适可而止，器物是为人服务的，不可为娱人耳目而制造一些奇技淫巧之物，这个限度的原则是以吃饱穿暖为准。

第三十三章　自知之明

知人者智，自知者明。胜人者有力，自胜者强。知足者富，强行①者有志，不失其所者②久，死而不亡③者寿。

【注释】

①强行：坚持力行。

②不失其所者：不违背根本的人。失，丧失，引申为违背。其所，根本，此处指道。

③不亡：指精神长存。

【译文】

能够认识别人的人可谓聪明，能够认识自己的人可谓明智。能够战胜别人的人是有力量的，能够克制住自己的人才称为坚强。知道满足的人是富有的，坚持力行的人是有志的。不违背根本的人就能长久，死后精神还永存的人才是真正的长寿。

【解析】

关于"知人者智"的问题，知人、用人，是一个大问题，对君主更显得重要。要说清楚这个问题，必须阐明"如何了解人心"这一命题。在古代，由于科学技术不发达，人们要想认识世界上的大山、大川很不容易，尤其是认识山谷、深壑更加困难。然而由于人心的隐蔽性和多变性，对人心的认识又远比对山川、沟壑的认识难。《庄子·列御寇》中提到，孔子曾说："人心险于山川，难于知天。"这说明对人心的认识比登天还难。唐代大诗人刘禹锡在《竹枝词九首》中说：

瞿塘嘈嘈十二滩，此中道路古来难。

长恨人心不如水，等闲平地起波澜。

意思是，长江有三峡，唯有瞿塘峡水流湍急，形势最险要，行船最危险，水中多礁石险滩，峡口尚有滟滪堆。但是人世间的事物，波谲云诡，平白无故便会起汹涌波涛，翻江搅海，使人事瞬间颠覆沉没。这一切都是因人心叵测、人心险恶，比三峡险滩还要难识。虽说"人心险于山川"，不易知人，但还是可以通过一些方法来了解一个人。《论语·为政》中这样记载："子曰：'视其所以，观其所由，察其所安。人焉廋哉？人焉廋哉？'"意思是说，孔子说："考察一个人所结交的朋友，观察他为达到这一目的所使用的方法，了解他最后所安于的生活状态。那么这个人又如何能够隐瞒自己的真实品德呢？"实际上，知人的方法很多。比如，通过观察一个人对待亲人的态度，看他是否做到孝敬父母，看他平时交什么样的朋友，闲时都看些什么样的书，有没有什么不良嗜好，等等，便可以对这个人的品德有所了解。古人还强调考察人要假以时日，不可过早下结论。唐代诗人白居易在《放言》（其三）中说："赠君一法决狐疑，不用钻龟与祝蓍。试玉要烧三日满，辨材须待七年期。"考察一个人的好坏，不用占卜问卦，最好的方法就是拉长一点考察时间。辨别玉石质量的好坏，要烧烤三天；树木能否成材，要观察七年。曾国藩因打仗的需要，随时要选拔各类军事人才，怎么办呢？据说，他总结了一套识人、用人的办法，经过验证，具有极强的实用性和借鉴性，并为此写成一本《冰鉴》。他用此法选拔了大量可用之材，帮助他取得了与太平军作战的最后胜利。

关于"自知者明",上面说了知人难的问题,殊不知,人一辈子认识自己更难。有时,自认为自己比较了解自己,其实这种了解并不完全或根本就不正确。据说,苏格拉底临死前,给自己预先写好的墓志铭是"认识自己"。苏格拉底是古希腊最伟大的哲学家之一,"认识自己"这句名言之所以流传千古,是因为它揭示了人类的一个不朽真理:人们很难认识自身。

关于"知足者富"的问题,老子认为,人最大的灾祸就是不知足,就是贪得无厌,懂得满足的"满足",才是一种真正的满足。一般来说,人的欲望是与生俱来的,也是无止境的。对于贫与富,既有客观标准,也有主观标准。如果按老子的指导,我们追求物质生活做到"为腹不为目",只要填饱肚子,吃得健康营养全面均衡即可,并且也花费不了多少;如果我们欲望太高,不仅要满足口腹之欲,还要追求耳目之娱,穿金戴玉,大肆购买奢侈品,早晚就可能因腐败而"跌倒"。

从医学角度来分析,我们现代人或多或少有一个叫代谢综合征的病,也可以认为是人的亚健康状态。之所以出现这种情况,与不注意饮食与运动的平衡有关,人们很难做到所谓"管住嘴、迈开腿",主要是由于吃得太好、吃得太精、吃得太多,又喜久坐少动引起的。代谢综合征的主要表现是体重指数超标、"三高"、尿酸高、同型半胱氨酸高（可能引起脑血管病）、脂肪肝、胆结石等。如果这种不正常的状态不及时纠正，会慢慢发展成冠心病、脑卒中、乳腺癌、前列腺癌、结肠癌等疾病。有许多人查出癌症后会大惑不解：为什么是我？殊不知，平时存在体内的多年代谢综合征，从来没有关注过，或者讳疾忌医，不敢去面对，更别说去主动干预治疗了。因为这种代谢异常状态，人可能并没有特殊感觉，而且平时还表现得食欲很好，大多数老百姓思想上还普遍存在着"能吃能喝就是身体好、没毛病"这种误区。那么，目前国际上推荐哪种健康的饮食方式呢？首选地中海饮食。所谓地中海饮食，泛指地中海沿岸的南欧各国以蔬菜水果、鱼类、五谷杂粮和橄榄油为主的饮食风格。其饮食特点为富含纤维、维生素、矿物质、酚类物质和不饱和脂肪酸，而钠盐、饱和脂肪酸和反式脂肪酸的含量较低。这种饮食极有利于纠正代谢综合征，维护我们的血管健康。实际上，人们的营养合理均衡与否，与我们身体的健康息息相关，早在几千年前的《黄帝内经》，就提出了"五谷为养，五果为助，五畜为益，五菜为充"的饮食原则，可见饮食养生的思想在我国具有悠久的历史。但随着经济社会发展和人们物质生活水平的提高，与膳食营养相关的疾病对人们的健康威胁却日益凸显。这些年，我们国家逐渐认识到这个问题的严重性，并采取了许多有效措施。

因此，满足是人幸福的基点，然而这个基点，我们在物质世界里是找不到的，因为如果不进行适当的心理调整，人的物质欲望永远无法得到满足。所以，这个幸福的基点，我们只能到精神世界中去寻找。明代《山坡羊·十不足》记载的一则故事很有警世作用：

逐日奔忙只为饥，才得有食又思衣。置下绫罗身上穿，抬头又嫌房屋低。盖下高楼并大厦，床前缺少美貌妻。娇妻美妾都娶下，又虑出门没马骑。将钱买下高头马，马前马后少跟随。家人招下十数个，有钱没势被人欺。一铨铨到知县位，又说官小势位卑。一攀攀到阁老位，每日思想要登基。一日南面坐天下，又想神仙下象棋。洞宾与他把棋下，又问那是上天梯？上天梯子未做下，阎王发牌鬼来催。若非此人大限到，上到天上还嫌低！

如果我们像上文那样，不对这种心态进行适当的调整，那么无论物质生活如何优越，也都将在欲望的煎熬中度过自己的一生，根本没有闲暇去享受生活。

关于"强行者有志","强行"是坚持力行的人。此句是说人生只要有志向,并持之以恒,总会成就大业。明朝作家金声借用历史典故,作一副对联:"破釜沉舟,百二秦关终属楚;卧薪尝胆,三千兵甲定吞吴。"此联对仗工整,声韵和谐,用典得当,寓意深刻,可作为"强行者有志"这句话最恰当的诠释。

关于"死而不亡者寿",老子生活在两千多年前的春秋时代,他当时不被世人理解,没有高官厚禄,没有家室妻小,最后还"不知所终"。但人们不论任何时候读到《道德经》时,眼前都会浮现出他悠然、睿智、飘逸的神采,好像看到他正骑着青牛,从东方和着一团紫气,缓缓地向我们走来。其实,现代人谁也没有见过老子,那为什么我们眼前会时时浮现出他仙风道骨的形象呢?这正是因为老子作为一代圣贤的传奇人生和其博大精深的道家思想,才使得中华民族的志士仁人们构思出栩栩如生、遒举俊发的老子形象,并印刻在我们心中。老子作为我们的先哲,时时启发着我们,指导着我们,开悟着我们。《道德经》也常读常新,他虽死而精神永存,这才叫真正的长寿。

第三十四章　不自为大

　　大道氾①兮，其可左右②。万物恃③之而生而不辞，功成不名有④，衣⑤养万物而不为主。常无欲，可名于小⑥；万物归焉而不为主，可名为大⑦。以其终不自为大，故能成其大。

【注释】

①氾：同"泛"，广泛，普遍。

②左右：泛指各处。

③恃：依赖。

④名有：占有。

⑤衣：覆盖、保护。

⑥小：卑下。

⑦大：伟大。

【译文】

规律的作用是那样的广泛普遍，可以说无处不在。万物依靠它才能生存，而它从不限制万物，大功告成也不居功占有，养育了万物却不做万物的主人。它永远没有什么欲望，可以把道看作是卑下的；因为万物归附于它，而它却不当主宰者，也可以把它看作是伟大的。因为它始终不追求成为伟大者，所以才成就它的伟大。

【解析】

《礼记·中庸》中记载：

> 辟如天地之无不持载，无不覆帱，辟如四时之错行，如日月之代明。万物并育而不相害，道并行而不相悖，小德川流，大德敦化，此天地之所以为大也。

意思是说：道之大，就像天地一样没有什么不能承载的，没有什么不能覆盖的，就像四季轮回的自然规律一样，就像日月的更替照耀一样。万物共同生长，相互并不妨害；天地之道同时并行，相互并不违背。小德如江河长流不息，大德化育万物而不占有，这就是其盛大的原因啊。此段意思与本章所述有异曲同工之妙。老子认为，道无处不在，从大的方面来说，它十分广大，化育着万事万物成长；从小的方面来说，它又常处在卑下的位置，万涓细流都归附于它。它不主宰、不占有、不争功，最终成就其伟大。

第三十五章　往而不害

执大象①，天下往②；往而不害，安平太③。乐与饵④，过客⑤止。道之出口，淡乎其无味，视之不足⑥见，听之不足闻，用之不足既⑦。

【注释】

①大象：大道。

②往：归附。

③太：同"泰"，安乐。

④乐与饵：音乐与美食。这里指各种生活享受。

⑤过客：过路人，特指学道的人们。

⑥不足：不能。

⑦既：尽，完。

【译文】

谁掌握了规律，天下人就会归附于他；归附他不会受到伤害，还能过上太平安乐的生活。然而各种生活享受的诱惑，往往使学道的人们又半途而废。规律这个东西说出来淡而无味，甚至有点枯燥，看又看不见，听也听不到，但用它却用不完。

【解析】

《三国演义》中有一章写刘备成亲的故事，当初刘备借荆州，久居不归。周瑜甚怒，设下一计，诱惑刘备过江来东吴娶亲。刘备深知是计，开始只可虚以应付。怎奈所娶夫人为孙权之妹孙尚香，她文武双全，与刘备情投意合，两人很快便如胶似漆，加上东吴诸人投其所好，每日花天酒地，消磨刘备的意志。果然，刘备贪图享受，把力图复兴汉室的大业抛于脑后，不想离开吴郡了。后来多亏诸葛亮使用锦囊妙计，赵云催促，刘备方才醒悟，设计返回荆州，留下"周郎妙计安天下，赔了夫人又折兵"的俗语。刘备作为政治家，一个天下少有的英雄，尚且留恋安乐窝，更何况一般人呢？盛唐诗仙李白在《将进酒》的诗中说："钟鼓馔玉不足贵，但愿长醉不复醒。古来圣贤皆寂寞，唯有饮者留其名。"像李白这样才华横溢、有抱负的大丈夫都知道修道做圣贤是清苦的，是寂寞之道，尚且不愿安贫乐道，而宁愿"终日昏昏醉梦间"，可见修道是多么枯燥的一件事。道看又看不见、听又听不清，说出来清淡无味，对一般人来说，道的吸引力比不上"乐与饵"。《礼记·中庸》中记载："子曰：'人皆曰予知，驱而纳诸罟擭陷阱之中，而莫之知辟也。'"意思是说，人人都说自己是明智的，愿意归附道德，但是在利益的驱使下，世人往往因诱惑落入网笼、陷阱，而不知道躲避。说得如此一针见血，无怪乎连孔圣人都发出长叹："民鲜能久矣！（人们很少能长久地实行道德准则啊！）"

现代最新医学研究发现，每个人体内都存在有缺陷的基因，如果维持不好的生活方式，我们会早早地发生疾病，显露出缺陷的基因来，医学上称为生活方式病；相反，崇尚健康的生活方式并持之以恒，人体会自动修复部分有缺陷的基因片段，会改变我们的先天体质，也就会延缓某种疾病的发生，甚至终身不发病。所以，坚持规律的运动最重要，这样我们就可以维持较强的免疫力。因为经常规律而有效运动的人，心肺功能得到大幅提升，那么他的心输出量就会增加，供应体内单位面积的血流量也必然相应增多，因此带去的免疫细胞也就多了，抗击细菌和病毒的能力就自然地加强了。运动医学实验发现，如果我们中断规律运动14天，体内的免疫力就开始出现大幅度下降。所以，每周至少运动3次，最好隔天一次，避免天天高强度运动，给全身肌肉恢复的时间，切记过犹不及；每次至少持续30分钟不间歇，运动强度达到中等，才是有效运动。我们也可以用自己的心率测评是否达到了中等强度，最简单的检测办法是：运动时可以说话，但不可以唱歌，就达到了中等强度。目前认为，以快走或慢跑的方式锻炼，副作用最小（尤其是对膝关节的伤害）；缓慢散步即使时间再长效果也不大，但比久坐不动强。

第三十六章　柔弱刚强

将欲歙^①之，必固^②张之；将欲弱之，必固强之；将欲废之，必固兴之；将欲夺之，必固与之，是谓微^③明。柔弱胜刚强。鱼不可脱^④于渊，国之利器^⑤不可以示人。

【注释】

①歙：收缩。

②固：必然，一定。

③微：隐微。

④脱：离开。

⑤利器：优良的武器，指权道或策略。

【译文】

要想收缩它，必须先扩张它；要想削弱它，必须先加强它；要想废除它，必须先振兴它；要想夺取它，必须先给予它。这叫作含而不露的聪明。柔弱必定战胜刚强。以上做法就像鱼不能离开水，国家的优良武器不能够让人知道一样。

【解析】

《韩非子·喻老》中有一段记载：

> 晋献公将欲袭虞，遗之以璧马；知伯将袭仇由，遗之以广车。故曰："将欲取之，必固与之。"起事于无形，而要大功于天下，"是谓微明"。处小弱而重自卑，谓"弱胜强也"。

韩非子用假虞灭虢的典故来解释本章的含义。春秋时期，晋献公为了向虞国借道去灭掉虢国，就送给虞国君主美玉和骏马，以迷惑其心。等晋献公灭掉虢国回来，途径虞国时，顺便把虞国给灭了，之前所送宝马、美玉都如数收回。晋国大臣知伯想灭掉仇由国，但仇由国地处深山，行军不便，于是知伯就赠送大马车给仇由国君，仇由国君乃井底之蛙，哪知是计？便派人去拉马车，逢山开路，遇水架桥，自鸣得意，而知伯的军队就沿着这条路进去灭掉了仇由国。《郑伯克段于鄢》是春秋时期史学家左丘明创作的一篇散文，文章中郑庄公（郑伯）老谋深算，城府极深，他对母亲和胞弟阴谋夺位的企图早已心知肚明，但却一直按兵不动，对胞弟的越轨行为不仅不加劝导，还一味放纵。结果母亲姜氏飞扬跋扈，任性妄为，助子为虐；儿子共叔段在母亲的纵容下，骄纵成性，狂妄自大，终于引发众怒，迫使郑庄公打着为民除害的旗号，引军讨伐，迫其"出奔"。庄公顺势就赶走了弟弟，最终取得完全胜利。这就是典型的"将欲夺之，必固与之"。

鲁迅先生曾在《骂杀与捧杀》一文中说捧杀就是过分地赞扬和吹捧，来达到让被赞扬者变得虚荣自负，或招致他人反感的目的。这种赞扬多是脱离事实的吹嘘。五四运动中，蔡元培引用了一个典故"杀君马者道旁儿"，意思是说杀你的马的人就是那些在旁边给你的马鼓掌之人，夸之者就是害之者，就是捧杀，即"将欲废之，必固兴之"。

"鱼不可脱于渊"与前面"是以圣人终日行不离辎重"的意思相近。鱼离开水会死，而圣人终日行走不可须臾离开衣食行李（指道），虽然有奇观美景的诱惑，也超然物外而不为所动。

第三十七章　道常无为

　　道常无为而无不为，侯王若能守之，万物将自化①。化而欲作②，吾将镇之以无名之朴③。无名之朴，夫亦将无欲。不欲以④静，天下将自定⑤。

【注释】

①自化：自我化育生长。

②欲作：有欲望产生。

③镇之以无名之朴：将用无声无形的道去化解安定它。镇，使安定，化解。无名，虚无。朴，质朴，比喻道。

④以：而。

⑤自定：自然安定。

【译文】

道永远是无为的，然而又成就了所有的事物。王侯如果能够遵循它，万物将自己化育生长。在化育生长中，如果有欲望产生，我将用无声无形的道去说服化解，并使其安静下来。用无声无形的道来化解，就不会有欲望。如果万物也没有欲望，清静无为，天下自然会太平安宁。

【解析】

规律运行总是顺行自然法则的方式，无欲望地运行着。但其客观上却成就了万物，帮助了万物化育生长，所以说它是"无为而无不为"。国君如果能遵循规律去治国、平天下，坚持无为而治，自然而然就能把国家治理好。即使是天下大定、国家繁荣以后，国君若产生过多的欲望，如大兴土木、发动战争、喜谗近色等，这时国家也会蕴含着危机。懂得道的人，可以预知未来：国家即将兴盛，一定会有吉祥的征兆；国家将乱，一定会有妖孽出来作怪，这可以从人们的仪表、动作中察觉。此时再用规律来说服他们，使他们重新回到清静无为的状态，做到顺应自然法则办事，执行无为政策，让国家再回到正常的轨道上来。

《汉书·食货志》记载了汉朝初年的情形，从汉高祖到汉景帝时期，朝廷一直执行道家清静无为的政策，很快改变了秦末多年战乱导致的社会经济的凋敝。国家非常重视农业生产，思想上采用"以德化民"的策略。当时社会比较安定，百姓逐渐富裕起来。国家的粮仓也丰盈起来了，府库中大量铜币多年不用，以至于串钱的绳子都烂了，散钱多得无法计数。中华文明迈入了帝国时代的第一个治世——"文景之治"。于是汉武帝在这一基础上，欲望膨胀，轻启战端，他思想上效法秦始皇，多次派兵征讨匈奴；政治上加强君主专制与中央集权，抛弃清静无为的政策，罢黜百家，独尊儒术，兼用"法、术、势"治国。他还崇信方术、自奉奢侈、穷兵黩武，晚年最终引发统治危机，爆发"巫蛊之祸"。好在后来他略有醒悟，向天下发布《轮台诏》，说自己即位以来，所作所为不合规矩，生活奢靡，耗费国家财富，常年征战，致使国内空耗，人口减半，希望天下人能谅解自己。从以上事例可以看出，汉武帝完全抛弃"无为无不为"策略，不遵守规律，一味逞强，结果导致严重后果。

作为人类，人生苦短，各种情况略好一些，人们就会急于表现自我，勉强作为，这似乎可以理解。但人们又往往容易忘乎所以，不知收敛，过度贪图享乐，甚至铤而走险，在错误的道路上越滑越远。因此，老子提醒人们要"化而欲作，吾将镇之以无名之朴"。

下篇·德经

第三十八章　处实去华

上德①不德，是以有德；下德②不失德，是以无德。上德无为而无以③为，下德为之而有以④为。上仁为之而无以为，上义⑤为之而有以为，上礼为之而莫之应⑥，则攘臂而扔之⑦。故失道而后德⑧，失德而后仁⑨，失仁而后义，失义而后礼。夫礼者，忠信之薄而乱之首⑩。前识⑪者，道之华⑫而愚之始。是以大丈夫处其厚⑬，不居其薄⑭；处其实⑮，不居其华⑯。故去彼取此⑰。

【注释】

①上德：崇尚道德的人。

②下德：不重视道德的人。

③无以：无目的，无原因。

④有以：有目的，有原因。

⑤义：人为制定的准则。

⑥莫之应：没有人响应。

⑦攘臂而扔之：卷起袖子强迫人遵从。攘臂，卷起袖子。扔，牵拉，拽。

⑧德：万物的各自规律。

⑨仁：此处指人为地去爱人，非自然所为。

⑩首：开始。

⑪前识：推测。引申为时机不到就行动。

⑫华：虚华，荣华。

⑬厚：忠厚，忠信。

⑭薄：浅薄。

⑮实：朴实。

⑯华：虚华。

⑰去彼取此：所以要崇道薄礼。彼，指礼。此，指道。

【译文】

真正崇尚道德的人并不处处表现自己的美德，所以他才真正具有道德；不重视道德的人却处处想表现自己的美德，所以才不具有道德。重视道德的人清静无为，无为是因为他们并没有私欲去满足；不重视道德的人忙忙碌碌，多是为了满足自己的私欲。真正施行仁的人去做好事，行善不是为了满足他们的个人私欲；崇尚义的人去制定各种准则，制定准则是为了满足个人私欲。重视礼的人去推行礼制，如果没有人响应，他就卷起袖子，死拉硬拽地让人去遵行。所以说失去了道后，才出现了德，失去了德才去提倡仁，失去了仁才去提倡义，失去了义才去推行礼。礼的出现，是社会忠信不足的标志，是祸乱的开始。所谓有"先见之明"，勉强作为，对道来说是华而不实的，是愚蠢的开始。因此，大丈夫要笃守忠信，排除礼仪；要存心朴实，而不居于虚华。所以要舍弃礼仪的那一套，遵循自然而然的道德。

【解析】

老子认为，人的美德就是顺应自然，无私无欲。而那些不重视道德的名利之徒，却处处想表现出一副恬淡寡欲的样子，这种装模作样的行为，本身就与美德矛盾。不表现个人美德的人，才真正拥有较高的道德水准。相反，刻意显示自己很有道德的人，正说明他已失去了道德。老子的这一观点深刻地揭示出现象往往与本质不统一这一事实，启示人们不要被假象迷惑。

再说说"上仁"的问题。"上仁"之人，施惠于人是出于爱人之心，并不是为了求人报答，也不是为了某种个人目的，更不是为了推销商品而获得高额利润。而"上义"之人则与此相反，他们站在个人利益的角度，去制定有利于自己的各种原则、法度。至于"上礼"之人，就更等而下之了。他们制定各种规则、制度，没人响应，就急功近利地死拉硬拽，或强人就范。所以说，礼制的出现，是社会忠信不足的标志。私有制出现以后，人们为了调节人与人之间的利益关系，也为了维护封建当权者的既得利益，依靠制定礼制规范来达到塑造人们的行为与思想的目的，并借助刑的惩罚来维护礼法的绝对权威，老子对此深恶痛绝。老子企图摆脱礼乐等级制度的束缚，向往淳厚朴实的社会，甚至想让人们重新回到"小国寡民""结绳记事"的时代，这有些理想化了。但很明显，老子的思想代表了处于礼制社会中最底层的广大民众的愿望，又具有一定的积极意义。因此，从春秋时代以后，抛弃繁文缛节，恢复人与人之间的淳朴关系，就一直成为有识之士追求的目标。

关于"前识者，道之华而愚之始"，是指那些违背规律，勉强作为的人，世上确实有这种自作聪明的人。前一段时间，社会上流行这样一种育儿方式：就是让怀了孕的年轻妈妈，每天拿着播放机对着自己的肚子播放各种音乐进行胎教，有低沉的，有高亢的。据说这样孩子出生后会绝顶聪明，今后好好培养，会成为下一个贝多芬。结果，根据相关研究，下一个贝多芬没再出世，先天性耳聋的患儿却增多了。这是因为人体在胚胎时期，听觉系统更加稚嫩、敏感，根本受不得大分贝的声音刺激，每天听大分贝的声音会导致很多婴儿在出生时便耳聋了。这种先天性耳聋，虽不是由于父母的基因遗传缺陷引起的，但也极其难治。而且出生以后，因幼儿不会表达，还不易被及早发现，往往导致治疗延误，这也是其难以治愈的另一原因。这样，本来是想"不让自己孩子输在起跑线上"，结果却让孩子"死"在跑道上，岂不痛哉！这就是违背自然规律，自作聪明，胡乱作为的后果。

第三十九章　贱为贵本

昔之得一①者，天得一以清，地得一以宁，神得一以灵，谷得一以盈，万物得一以生，侯王得一以为天下贞②。其致之③。天无以④清将恐裂，地无以宁将恐发⑤，神无以灵将恐歇⑥，谷无以盈将恐竭⑦，万物无以生将恐灭，侯王无以贵高将恐蹶⑧。故贵以贱为本，高以下为基。是以侯王自谓孤寡不谷⑨。此非以贱为本邪⑩？非乎？故至数舆无舆⑪。不欲琭琭⑫如玉、珞珞⑬如石。

【注释】

①得一：能够与道保持一致。得，能够。一，一致，与道保持一致。

②贞：同"正"，首领。

③其致之：推而言之。

④无以：没有。

⑤发：同"废"，毁坏，此处指裂陷。

⑥歇：停止，灭绝。

⑦竭：枯，干涸。

⑧蹶：跌倒，引申为失败。

⑨不谷：不善。

⑩邪：语气词。

⑪至数舆无舆：想得到过高过多的荣誉，反而会失去荣誉。至，高。数，多。舆，同"誉"，荣誉。

⑫琭琭：玉石有光泽的样子。

⑬珞珞：形容石头比较坚硬。

【译文】

从前凡是能够与道保持一致的：天能够保持一致，因而清朗；地能够保持一致，因而安宁；神明能够保持一致，因而有灵；河谷能够保持一致，因而充盈；万物能够保持一致，因而繁衍生长；侯王能够保持一致，因而成为天下的首领。推而言之，天无法清朗，难免要崩塌；地无法安宁，难免要裂陷；神无法有灵，难免要灭绝；河谷无法充盈，难免要枯竭；万物无法滋生，难免要死亡；侯王无法保持高尚的德行，难免要亡国。所以贵要以贱为根本，高要以下为基础。因此，侯王自称"孤""寡""不谷"，这不正是以贱为根本的表现吗？不是吗？所以说要想得到过高、过多的荣誉，反而会失去荣誉。因此，不要把自己定位成高贵的美玉，而应当定位成一块坚硬的石头。

【解析】

绝大多数学者在解析本章时，把"一"解释为"道"。笔者认为把本章的"一"解释为"与道保持一致"，更有利于理解，更容易使上下文贯通，且基本含义没有改变。

关于"一"的论述和解释，《论语·里仁》篇中说："子曰：'参乎！吾道一以贯之。'"意思是，孔子说："曾参啊，我的道是可以用'一'贯穿起来的。"此处"一"代表了儒家的"道"，即忠恕，是儒家思想的精髓。战国末期思想家荀子在《劝学》篇中说："故君子结于一也。"意思是说："所以君子的意志坚定专一。"君子对什么坚定专一呢？当然是仁义，他强调"一"的含义是持之以恒地坚守仁义。到了明代，儒学大师王阳明发展了儒家的仁义理论，开创了心学。他主张"主一"，意思是坚守天理，"一"在这里代表天理。他认为每个人内心即禀赋天理，又称为"良知"，不用到外界去求天理，把自己已存在的良知发扬光大即可，"主一"即发扬自己已有的良知，也称"致良知"。所以本章中，结合老子全篇的意思，把"一"解释为"与道一致"比较恰当。

老子告诫我们：一个人不要把自己定位成一块白璧无瑕的宝玉，而要把自己定位成一块坚硬的石头。"琭琭"从字面意思去理解，是指玉有光泽的样子。美玉常常会发出光芒，远看如生烟一样。晚唐诗人李商隐的《锦瑟》诗中有"沧海月明珠有泪，蓝田日暖玉生烟"句。蓝田，山名，在今陕西省蓝田县，是全国著名的产玉之乡。据说，此玉山在日光煦照时，蕴藏其中的玉气冉冉升腾，即所含精华之气远观如烟。因此，"琭琭"的宝玉，有华而不实的贵气。石头虽不名贵，也不会放出任何光芒，但很坚硬，代表一种坚贞谦虚的品格，犹如君子的意志坚定专一。从另一个方面来理解，如果一个人自以为是块灼灼其华的美玉，那他自然就会对生活有很高的要求，而且不屑于从小事做起，与人交往就容易显示出傲慢来，结果反而会害了他的一生；如果一个人把自己定位成坚硬的石头，那么他对生活的要求就不会太高，而且会脚踏实地从小事做起，意志坚定，这样会成就他的一生。

第四十章　有生于无

反者，道之动；弱者，道之用。天下万物生于有^①，有生于无^②。

【注释】

①有：存在的物质或元素。
②无：虚无的空间。

【译文】

规律的运动是循环往复的，规律的作用就在于它能保持柔弱的状态。天下万物产生于具体的物质，而物质的产生则依赖于空间。

【解析】

老子看到自然界万物总是弱则变强，强则变弱，循环往复。同时认为，规律之所以功用无穷无尽，原因就在于它能够守柔守静。因此，"反者，道之动；弱者，道之用"这两句话，是《道德经》全书的纲领，老子的许多政治主张和处世原则，都建立在此点上。老子的守柔思想，据说来自他的老师常枞。《说苑·敬慎》记载，常枞病重之时，老子去看望他，并请求老师最后再教自己一次：

> 常枞有疾，老子往问焉，曰："先生疾甚矣，无遗教可以语诸弟子者乎？"常枞曰："子虽不问，吾将语子。"……张其口而示老子曰："吾舌存乎？"老子曰："然。""吾齿存乎？"老子曰："亡。"常枞曰："子知之乎？"老子曰："夫舌之存也，岂非以其柔耶？齿之亡也，岂非以其刚耶？"常枞曰："嘻！是已。天下之事已尽矣，何以复语子哉！"

老子的师尊常枞，用柔软的舌头长存而坚硬的牙齿易亡这一浅显的现象，来说明柔弱给人带来的益处以及"柔弱胜刚强"的道理。以此，师尊常枞的教导对老子思想理论体系的形成，起到了很大的启发作用。

借上面"舌长存而齿易亡"这一现象，我们也谈谈牙齿健康问题。重不重视牙齿健康，是社会文明程度的标志。以往我们严重忽视了这个问题，认为"牙疼不是病"，不把牙齿的病当回事，这种认识是非常错误的，并存在极大的误区。误区之一：以前我们只注意牙膏的保健作用，而忽视了牙本身的保健，认为只要选种好牙膏，牙就会好，这完全是一种本末倒置的做法。牙膏只是我们刷牙时的充填剂，仅此而已，无任何保健作用，希望用某某品牌的牙膏让我们的牙齿健康起来，无疑是缘木求鱼、买椟还珠。某些商家以此为噱头，大肆宣扬牙膏的神奇作用，多半有欺诈之嫌。在牙膏中添加抗生素，以期达到消炎消肿的目的，也是不可取的。首先，抗生素在口腔中短暂地停留，根本达不到抗菌作用；其次，人的口腔中菌群复杂，添加的抗生素很难精准杀灭；再次，长期用含有抗生素的牙膏，会破坏口腔的正常菌群，有引起菌群失调的风险，这恰恰会破坏我们的口腔健康。还有些厂家，利用人们的无知和从众心理，认为牙膏里含有某某中药就有止血作用，于是，有些人就专用一些厂家添加了药物的某某品牌牙膏刷牙，甚至达到迷信、刻板的程度，这也是一种盲从。因为牙齿易出血，多是由于牙周病作祟，牙周病的问题没解决，牙齿出血就不会好，这是个浅显的道理。另外，厂家为了增加效果，在牙膏里添加了含有化学成分的止血药，虽然添加的量并没有超出国家规定标准，但其目的昭然若揭，更有欺瞒消费者的嫌疑。误区之二：大多数人认为牙病是小病，不治也危害不大。现在最新的医学研究发现，牙周病也会引起人体动脉硬化、心肌梗死和脑卒中，它还会引起胃炎，传播幽门螺杆菌等。因为牙齿的黏膜组织与心肌等组织具有同源性，因此牙周感染，炎症因子会同时攻击我们的动脉、心肌等部位。牙周发炎，炎症因子还会被我们咽到消化道中，从而散播炎症。所以，切不可再认为"牙疼不是病"了！

我们要走出误区，坚持早晚认真刷牙，每次刷牙不能少于 3 分钟，做到饭后必漱口，会正确使用牙线、齿缝刷，最好做到每天早晚主动叩齿 50 下，有智齿要积极求助于医生，勇于接受正确的建议。这些都是保护牙齿，避免患牙周病的策略。世界卫生组织（WHO）公布的身体健康标准之一是"8020"，即"活到 80 岁时，要有 20 颗健康牙齿存在"。

本章也给我们一些其他启示，在日常生活中，与别人有了矛盾，是以暴力的手段解决，还是以温和的态度解决？答案不言自明，采取温和的方式去解决争端，则无往而不胜。《水浒传》第十七回记载，花和尚鲁智深因大闹野猪林救下师兄豹子头林冲，得罪了高太尉，可怜他一身武艺，天下无敌手，却落得个天下之大，无处安身的结局。一日，他来到二龙山下，仗着一身武艺吃酒不付钱，正巧碰上因丢失生辰纲而落魄的青面兽杨志。二人言语不和便动起手来，哪知人外有人，天外有天，杨志的武功竟高于力能倒拔垂杨柳的鲁智深，几个回合，鲁智深便败下阵来，无奈，只得甘拜下风。水泊梁山聚义的一百〇八位好汉，个个武功盖世，强中更有强中手。但刚强，可以战胜那些力量不如自己的人，一旦遇上力量同自己一样或高于自己的，那就危险了。后来，宋江也因犯事入伙梁山泊。宋江，字公明，绰号"呼保义"，原为山东郓城县一名普通押司（法院文书）。他身材矮小，面目黝黑，是个典型的刀笔小吏，虽学得武艺多般，却也不是绝世高手，手中所拿宝剑多为逞威和指挥作战之用。然而，他稳坐梁山众英雄豪杰中第一把交椅，位列三十六天罡星之首，是名副其实的梁山起义军领袖。为什么他有如此能量，每位性格迥异且武艺高强的英雄都拜服他？首先，宋江十分孝敬老人，可谓是至孝之人，在当地是出了名的。宋代"以孝道治天下"，十分崇尚

"孝德"，因此，他在当地邻里中威信很高，江湖上都称他为"孝义黑三郎"。其次，他平素重德好义，喜欢仗义疏财，济困扶弱，故天下人都称他为"及时雨"。宋江凭这些优良品德，赢得了众多好汉的拥戴。该事例再次说明，柔弱可以战胜那些力量超过自己的人。

另外，《道德经》全文中的"无"，除了用于"虚无""没有"等本义外，还引申为"空间"。那么如何理解"有生于无"这句话呢？可以这样认为，万物只有相对于空间才能存在，如果没有空间，也就无所谓什么物质了。在现实生活中，人们往往只知道物质带来的好处和作用，而忽略了空间带来的好处和作用。老子则认为各种器物之所以有用，原因就在于它本身存在着"有"和"无"两个对立面，如果全是物质，而没有空间，那么物质就失去它的功用，器物也就没用了。此观念如果举一反三地去推论，在社会生活领域中，人们不要只注意"无不为"的好处，还要注意"无为"的好处，"无不为"是以"无为"为基础的，正如物质是以空间为基础一样。

第四十一章　大器晚成

上士①闻道，勤②而行之；中士闻道，若存若亡③；下士闻道，大笑④之，不笑不足以为道。故建言⑤有之：明道若昧⑥，进道⑦若退，夷道若纇⑧。上德若谷⑨，大白若辱⑩，广德若不足，建德若偷⑪，质真若渝⑫，大方无隅⑬，大器晚成，大音希声⑭，大象无形。道隐无名⑮，夫唯道善贷⑯且成。

【注释】

①上士：智慧最高的人。

②勤：积极践行。

③亡：通"无"，没有。

④笑：嘲笑。

⑤建言：立言。

⑥昧：幽暗，不易看清，引申为不易理解。

⑦进道：促人上进的道理。

⑧夷道若纇：平坦的道反而不顺畅。夷，平坦，比喻容易办到。纇，不顺畅，引申为难以施行。

⑨谷：山谷，引申为空虚。

⑩辱：黑色。

⑪建德若偷：有建树的品质反而不厚道。建，建树。偷，刻薄，不厚道。

⑫渝：变污，浑浊。

⑬隅：棱角。

⑭希声：无声。

⑮道隐无名：道无形无声。

⑯贷：施与，帮助。

【译文】

智慧最高的人听到道，就努力地践行它；智慧一般的人听到道，将信将疑；智慧低下的人听到道，就认为它迂阔空洞而大加嘲笑。不被智慧低下的人嘲笑，道也就不成道了。所以古人曾经说："明白易懂的道理反而好像难以理解，促人上进的道理反而好像在引人后退，容易做到的道理反而好像难以施行，最崇高的品质反而好像处于低谷，最洁白的颜色反而好像是黑暗的，伟大宽容的品德反而好像有欠缺，有所建树的品质反而好像不厚道，品质纯真反而好像有污点，最大的方形反而没有棱角，最大的器物总是最后才完工，最大的声音反而无声，最大的形象反而无形。"规律虽然无形无声，看不见又摸不着，然而它却善于帮助万物并且成就万物。

【解析】

关于"进道若退"的理解，我们不妨看看唐代末年，布袋和尚契此的一首简洁而富于哲理的偈语："手捏青苗种福田，低头便见水中天。六根清净方成稻，退后原来是向前。"这首偈语用插秧比喻修道，一语双关，意蕴深刻。插秧时，手拿一把秧苗，必须倒退着将秧苗插到地里，如果向前走，就会踩坏自己刚插的秧苗；"种福田"比喻修身进德；"六根"指眼、耳、鼻、舌、身、意；"清静"指插秧时必须全神贯注，否则秧会插不成陇，又比喻修道时必须排除一切杂念；"稻"与"道"谐音。本偈语形象诠释了"以退为进"的哲学道理。此道理应用到科学健身上，对人们也有所启发。本书中，我们推荐了快走或慢跑的锻炼方式，这种方式最适合中国人的体质，还可以最大限度地避免运动损伤。还有人采取倒走的办法锻炼，这当然可以，倒走时身体主动向后发力，可以强壮我们的腰肌群，缓解腰椎间盘突出症；还可以刺激体内本体感觉神经，有利于锻炼我们的平衡功能。人的平衡功能不好就容易跌倒，老年人或患有骨质疏松的人，最怕摔跤，摔跤后就会骨折，特别是老年人的股骨颈骨折，医学上称为"人生的最后一跤"。因为股骨颈骨折后的老年人多会卧床不起，继而导致心肺功能下降，身体各处的感染等并发症随之而来，从而导致死亡。但是，倒走虽好，还要循序渐进，使身体逐渐适应，要选择安全、空旷、人少的场所进行。现代生活的小区很难找到如上所说的理想场地，因此，本文并不着重推荐此种锻炼方法。

关于"大象无形"的解释，"大象无形"的意思是"有意化无意"，就是说凡事不要显刻意，不要过分主张，要兼容百态。在本章中，"大象无形"应该理解为世界上最伟大恢宏、崇高壮丽的气派和境界，往往并不会拘泥于一定的事物和格局。"大象无形"多用于形容中华文化的特点，即泱泱大度、不拘一格、包罗万象、生机无限的伟大精神气质。我们的话题可再回到中国书法上，书法是经中国文化熏陶的特有的一种文字美的艺术表现形式，结合上述对"大象无形"的理解，书法界常常把"大象无形"作为重要书写内容形成作品来展示，并收到很好的感染人的艺术效果。为什么？因为一幅上乘的书法作品，必须做到书写内容与书法内容的完美统一，书写内容是指书写的素材；书法内容则包含字的笔法、结构，所使用的书体，以及书写时个人的性情在作品中的表达等。上面我们已经解释了"大象无形"，用在书法上，是要求书法创作时不要刻意人为，要顺势而作，这样的作品才可能自然，才可能成为佳作；而书法的本质也是抒发书者的性情，作品是作者感情的自然流露，更戒刻意，所以把"大象无形"作为书写素材，去进行书法创作，就是书写素材和书法本意的完美结合。据说，王羲之在创作天下第一行书《兰亭序》时，是有特定环境的。他与东晋名士谢安、孙绰等名人，在流觞曲水、茂林修竹的环境下修禊事时，饮酒赋诗，即兴而作《兰亭序》。后来，他回家后又重新写了几遍《兰亭序》，再也没有达到当时书写的艺术水平，只好作罢。正因为《兰亭序》的书写内容是王羲之自己当时的感情抒臆，加之他遒媚飘逸的行草书体，才使之成为不朽的名作。

关于"下士闻道，大笑之"，我们可以看看《庄子·秋水》中的一段话："井蛙不可以语于海者，拘于虚也；

夏虫不可以语于冰者，笃于时也；曲士不可以语于道者，束于教也。"意思是说，井底之蛙不可以跟它讲海，因为它被狭小的生活环境局限；夏虫不可以跟它讲冰，因为四时不同；乡曲之士不可以跟他谈论大道，因为他受到了教养不足的束缚。这里所说的"乡曲之士"就是本文中的"下士"，不被"下士"大大地嘲笑，就不是微妙玄通的道了。所以第一章老子就开宗明义地讲"道可道，非常道"，道如果被非常粗浅地表达，那一定不是真正的道了。

这里借用"上士闻道，勤而行之"的理念，来谈谈如何维护我们的健康问题。前几章，本书讲解了许多健康知识。要促进我们的健康，也要做到"勤而行之"。但是，我们既不能过度关注身体反应，也不可讳疾忌医，对身体的早期症状、征象听之任之。因为目前威胁人类健康的最大问题还是癌症，至今医学界仍无法完全治愈它。然而，如果能早期发现并给予恰当及时的治疗，部分癌症可以治愈。这就涉及一个定期体检的问题，世界卫生组织（WHO）已经把"定期身体健康检查"列为健康标准之一，建议个人每年应做一次健康体检，可以选择低剂量CT做一次全身扫描，时间短、效果好，几乎没有副作用。但也不推荐每年多次体检，因为任何医疗检查，都是双刃剑，都有一定副作用。针对近几年全世界大肠癌的发病率都直线上升的问题，强烈建议 40 岁以上的人，无论有无症状，都要做一次电子肠镜。电子肠镜并不属于常规的体检项目，但对人体健康特别重要，可以选择无痛方式，发现问题及时治疗，没问题可以等 10 年后再做。别看就这一项简单措施，可以避免许多人罹患大肠癌。做自己健康的第一责任人，我们需要"勤而行之"，对健康要做"上士"，而不做"下士"！

第四十二章　或损或益

　　道生一①，一生二，二生三，三生万物。万物负阴而抱阳②，冲气③以为和。人之所恶④，唯孤寡不谷，而王公以为称。故物，或损之而益⑤，或益之而损。人之所教，我亦教之。强梁⑥者不得其死，吾将以为教父⑦。

【注释】

①一：此处指某种事物。

②负阴而抱阳：包含着阴气和阳气两个对立面。负、抱，均为包含的意思。

③冲气：阴阳二气互相激荡。冲，激荡。气，指阴阳二气。

④恶：讨厌。

⑤或损之而益：或许本想减少却反而增加了。或，
　　或许。益，增加。

⑥强梁：强悍，霸道。

⑦父：教导人的基本准则。

【译文】

规律帮助某种事物产生，这种事物又产生另一种事物，第二种事物再产生第三种事物，第三种事物产生出万物。万物都包含着阴气和阳气两个对立面，它们互相激荡调和。人们所讨厌的就是"孤""寡""不谷"，而王公却把它们当作自己的称号。所以说事情往往会这样，本意也许是想减少它，结果反而增加了；本意也许是想增加它，结果反而减少了。别人用来教导我的准则，我也用它去教导别人。强悍霸道的人不得好死！我将把它作为教导人的基本准则。

【解析】

关于"道生一"的解释。这句话不是说规律（道）能够直接产生物质，而是说规律是产生物质的前提，没有规律的规定性，事物就无法产生、发展。也就是说万物都是按照规律的指引而繁育生长的。"一生二""二生

三""三生万物"，其中的数字"一""二""三"没有特殊的意义，只代表了一个由简单到复杂的过程罢了。正如我们所了解的，人类生命的起源与进化过程一样，由简单到复杂：单细胞体→多细胞体→无脊椎生物→颌类生物→两栖类生物→哺乳类→人类。

老子认为，世界万物都包含着阴阳，它们相互激荡、调和。此与儒家所讲的"中和"概念意思相近又有不同。《礼记·中庸》说："喜怒哀乐之未发，谓之中；发而皆中节，谓之和；中也者，天下之大本也；和也者，天下之达道也。致中和，天地位焉，万物育焉。"人的喜怒哀乐还没有表露出来的时候叫作"中"，人的情感和行为表露出来但合乎法度叫作"和"。"中"是天下最为根本的，"和"是天下共同遵循的法度。达到了"中和"，天地便各归其位，万物便生长发育了。这就是儒家最推崇的核心理念——"中庸之道"。老子讲的"阴阳"是万物间的大道理、总原则，属于道；而儒家偏重于讲人的行为规范和准则，属于德。

关于"强梁者不得其死"句。清人金埴在《不下带编》卷五中记载了一首关于小猪的打油诗，写得很有意思："倚栏闲看小猪儿，一个强梁把众欺。纵使糟糠独食尽，先肥未必是便宜。"这首诗的语言不难理解，一个十分强悍霸道的小猪，把持着食栏吃独食，其他小猪被它欺负，结果这个霸道的小猪因多吃多占，迅速变成一头大肥猪，主人家当然先杀它了。此诗语句朴实，含义却十分深刻。太平天国时的重要领袖杨秀清，出生在一个贫苦的农民家庭，以耕山、烧炭为业。后来他加入了拜上帝会，参与发动金田起义，还被天王洪秀全封为"东王"，称"九千岁"。杨秀清虽然出身贫苦，但足智多谋、英勇善战，他曾指挥太平军大破清军，建都天京。而此时杨秀清已经集教权、政权和军权于一身，是太平天国实质上的领袖。这时杨秀清思想开始发生变化，私欲膨胀，最后达到疯狂的地步。太平天国建都天京后，杨秀清频繁使用"代天父传旨"的特权，借处理内部矛盾之机，大肆排挤异己，逼迫洪秀全把他由"九千岁"加封为"万岁"，阴谋篡位之意图昭然若揭。是可忍，孰不可忍？洪秀全派出密探，命令北王韦昌辉诛杀杨秀清，结果杨秀清及其家属、部众几乎尽遭屠戮。希罗多德是古希腊著名的历史学家，曾说过一句话："上帝要使一个人遭难，总是让他忘乎所以。"本章的"强梁者"就是句中的"忘乎所以者"，大多得不到一个好下场，东王杨秀清就是个鲜明的例子。

第四十三章　无为之益

天下之至柔，驰骋^①天下之至坚，无有^②入无间^③，吾是以知无为之有益。不言之教，无为之益，天下希及之^④。

【注释】

①驰骋：奔驰。

②无有：什么也没有，引申为空间。

③无间：没有空隙的东西，指物质。

④希及之：很少有能做到的。希，少。及，赶上。

【译文】

天下最柔弱的东西能在最坚硬的东西中穿行，虚无的空间可以渗透到致密的物质中，我从这里悟到了清静无为的好处。没有言辞的说教，清静无为的益处，天下很少有能做到的。

【解析】

本章又一次清楚地表明，老子的政治主张来源于对自然规律的效法。水是自然界最柔弱的东西，古代金属业不发达，石头恐怕是人们认为的最坚硬的东西了。然而，滴水能击穿石头。成语"水滴石穿"语本东汉班固的《汉书·枚乘传》，它多比喻坚持不懈，最后取得成功的事情，同时它也印证了本章中"天下之至柔，驰骋天下之至坚"的道理。水滴石穿实际上是有科学依据的，这个过程既有物理作用也有化学原理。水虽然柔弱，但其聚集起来滴下会形成一定的势能，石块虽坚硬，但耐不住天长日久的能量冲击，必会磨损，最终石穿，这是物理作用；石头的主要成分是碳酸钙，而水滴中溶解有少量的二氧化碳，二氧化碳与碳酸钙能发生反应，形成可被溶解的碳酸氢钙，石块也就慢慢被击穿了，这是所说的化学反应。本章老子教育我们，世界万物看似不可能，其实蕴含着深刻的道理，"柔弱能胜刚强"是有其理论基础的。由此，老子把这一自然现象推导至政治领域，贵柔是为了取强；守雌是为了称雄，就不难理解了。

第四十四章　知足不辱

名与身孰亲？身与货①孰多？得与亡②孰病？是故甚爱③必大费，多藏必厚亡。知足不辱，知止不殆，可以长久。

【注释】

①货：财产。

②亡：失去，损失。

③甚爱：过分贪爱。

【译文】

名声和生命哪个更可亲？生命和财富哪个更贵重？获得与丧失哪个更有害？所以说过分的贪爱反而会招致

更大的破费，过多的收藏反而会招致严重的损失。知道满足，就不会受辱；知道适可而止，就不会遇到危险，这样才可以长久平安。

【解析】

求名、贪财就是"得"的内容，人们本想通过获得更多的名利，使自己过得更舒服一些，然而往往事与愿违，名利的获得反而给自己招来灾难，这样的事例可以说是不胜枚举。关于"得与亡孰病"的问题，"得"未必是喜，"失"未必是忧，其中包含着深刻的辩证思想。《淮南子·人间训》中"塞翁失马"的故事几乎家喻户晓，它用生动形象的比喻，说明了"得"与"失"的辩证关系，失马未必是祸，得马未必是福。

1993 年，由国内导演沈耀庭执导的电影《诈骗犯》讲述了新中国成立前旧上海的一则故事：主人公钱根发（王诗槐饰）开了一家理发店，在行业中颇有名气，一家人过得其乐融融。一日，顾松岚（仲星火饰）闯入店中，以目睹主人公曾开车撞死一人为由，敲诈钱根发，而且一次次变本加厉，狮子大张口，最后钱根发终于忍无可忍，用刮脸刀割向顾松岚的脖子，致其一命呜呼。原来顾松岚买有人身保险，他敲诈钱根发的目的不单是诈骗，而是逼迫主人公杀死自己，死后家人可获得一大笔保险金。敲诈钱财不是最终目的，后面的阴谋才是真正目的。世界上真有宁可用自己的性命去换取保险金的事情，令人唏嘘！"得与亡孰病"值得人们深思。

再看看"甚爱必大费，多藏必厚亡"，民间曾流传一则故事：有位隐士隐居在山中，家徒四壁，有时还要靠乞讨为生，但他很快乐，心无挂碍。后来有一位好心的富人，送给他一件袍子，隐士当然很高兴。过了几天，那位富人看见隐士仍然穿着破衣烂衫，就很奇怪，问为什么不穿送给他的袍子。隐士回答说："我从前出门，从不锁门，睡觉也不插门，自从接受你给我的这件贵重的袍子后，放在家里不放心，于是就买了一把锁，出门就把门锁上。回家睡觉时，也总把门关得紧紧的。最要命的是，出门总怕袍子丢了，不能全心修炼。回家也为袍子操心而睡不安枕，几乎到神情恍惚的地步，险些害上大病。突然一想，为了一件袍子，把自己搞得神魂颠倒，太可笑了。正好有一个人来拜访，我顺便把袍子转送给了来人。袍子送走后，我的心轻松多了，也坦然了，病也全好了。唉，我差点被一件袍子拖累了。"这个故事未必真的存在，但我们在日常生活中都会有相似的体验，家里如果存放有贵重物品，我们白天上班也难以集中精力，晚上还会影响睡眠。根据现代医学理论分析，故事中那个隐士是患上了焦虑症和睡眠障碍症。这两种病症如果长期存在，会严重影响人体内下丘脑—垂体—肾上腺轴的机能。这个轴对人们的健康十分重要，关系人的消化道功能是否正常，全身的免疫功能是否健全等。这个轴长期紊乱，严重时会导致神经官能症，甚至精神病。在热播的电视剧《人民的名义》中，处长赵德汉（侯勇饰）受贿总额达 2 个多亿，为了安置这些不义之财，他可谓煞费心机，在住处外新购置别墅专门存放赃款。而自己又不敢用这些钱，每天上班骑辆自行车，住房简陋破败，经常吃炸酱面。这位处长每天胆战心惊，唯恐哪天东窗事发而锒铛入狱，惶惶不可终日！这些钱财对他精神乃至生命健康的摧残，可以想象。

第四十五章　大成若缺

大成若缺，其用不弊①。大盈若冲②，其用不穷。大直若屈③，大巧若拙，大辩若讷④。躁⑤胜寒，静胜热，清静为天下正⑥。

【注释】

①弊：损坏。

②冲：虚空。

③屈：弯曲。

④讷：不善言谈。

⑤躁：躁动，运动。

⑥正：君长。

【译文】

最圆满的东西好似有欠缺，但它的作用并不会损坏。最充实的东西好似有虚空，而它的作用却不会穷尽。最正直的东西好似弯曲，最灵巧的东西好像有点笨拙，最善辩的人好似有些口拙。运动能抵御寒冷，安静能克服暑热，清静无为可以成为天下的君长。

【解析】

本章中的"大成若缺"，很多人总感到难以理解，同理，"大盈若冲""大直若屈"似乎也一样令人费解。其实，以古典物理学概念来说，物质都有其固有属性，绝不会因为我们的认知改变而变形，圆的就是圆的，直的就是直的，这是我们普通人的认知理念。然而，随着爱因斯坦的相对论出现后，这种认知理念发生了很大改变，"老老实实"的物质本性开始变了，在不同观察条件下，原来物质可以变长、变短，直的可以变为弯曲的，这不就是"大直若屈"吗？老子在几千年前，就描述了这种自然的物理现象，只是当时没有这些物理学名词，也没有人深入探究罢了。

关于"大辩若讷"。"大辩"之人，可以看成是悟道修德的上德之人，他们并不去表现自己的美德，而像《论语·里仁》中说的："君子欲讷于言而敏于行。"君子应做到说话谨慎，做事敏捷，以防祸从口出。另一方面，正如佛教禅宗经常说的，"如人饮水，冷暖自知"，有高尚道德的人经历的事，自己知道甘苦，不需要去辩论是非曲直，因此就表现得好像不会说话一样。《论语·为政》中记录了一段说明"大巧若拙"的话："子曰：'吾与回言终日，不违，如愚。退而省其私，亦足以发，回也不愚。'"意思是，孔子说："我整天给颜回讲学，他从来不提任何反对意见和疑问，像个笨拙无比的人。等他退下之后，我考察他私下的言论，发现他对我所讲授的内容有所发挥并勤奋实践，可见颜回并不愚笨啊！"

本章中，老子借这些自然存在的现象和规律，再次教导人们，只有清静无为才是天下的根本原则。

第四十六章　知足常足

天下有道，却走马以粪[1]；天下无道，戎马生于郊[2]。祸莫大于不知足，咎[3]莫大于欲得，故知足之足，常足矣。

【注释】

①却走马以粪：退回战马去运肥耕种。却，退回。粪，泛指耕种。

②戎马生于郊：怀孕的母马在战场的郊野生下小马驹。戎马，战马。郊，郊野，引申为战场。

③咎：危险。

【译文】

国家的政治清明符合大道，退回战马去运肥种地；国家政治混乱、战争频发，连怀孕的母马都用来作战，以致在战场的郊野生下小马驹。天下最大的灾祸是不知道满足，最大的危险是贪得无厌。所以知道满足的满足，才能永远感到满足。

【解析】

在这一章中，老子明确表示反对战争，更表示要根除人的贪欲，因为引起战争的根本原因就是贪欲。因此，根除了贪欲，就有可能消灭战争，也就没有了危险。老子生活的春秋末年，周王室衰败，各诸侯国为了得到更多的土地、人口、美女、财宝，进而称霸，频频挑起战端，相互攻伐。这就是老子描述的情况，其根源是各诸侯国君主无尽的贪欲。所谓欲壑难填，人类的贪心永远不会满足，这不仅会导致"戎马生于郊"，还会引起"大军之后，必有凶年"的后果。

关于"咎莫大于欲得"的问题，马钰的《十六障》进一步说明了自身的欲望是如何给自己带来灾难的："火风地水结皮囊，眼耳鼻舌四魔王。人我是非招业种，气财酒色斩人场。"按照道教的说法，人的肉体是由火风地水"四大"结合而成的，只有勘破"四大"，才能获得精神的自由；人的眼耳鼻舌身，不停地与外界接触，从而激发人们的各种欲望；有了各种欲望，于是就有了人我、是非之分，从而为后生种下各种孽障；至于逞气、争财、酗酒、好色，更是损人健康、折人寿命的杀人场。

　　本章中老子认为，一切灾祸的根源是人们的贪得无厌，这也是导致人们心理障碍的原因。医学研究发现，心理障碍可通过大脑的颞叶、边缘系统影响人们的健康，还通过下丘脑、杏仁核和植物性神经系统扰乱人的生理本能和情感行为。如果我们经常有许多欲望，思虑过度，导致植物性神经功能紊乱，免疫功能下降，久之会引起人体器质性的病变。因此，我们要树立得之淡然，失之坦然，顺其自然的良好心态，做到知足常乐，这会大大有益于我们的健康。

第四十七章　不为而成

不出户①，知天下；不阙牖②，见天道。其出弥③远，其知弥少。是以圣人不行而知，不见而名④，不为而成⑤。

【注释】

①户：门。

②阙牖:望窗外。阙，同"窥"，从小孔里看。牖，窗。

③弥：越，更加。

④名：同"明"，明白。

⑤成：成功。

【译文】

不出大门，就能了解天下大事；不望窗外，就能知道天的运行规律。出门越远，知道得越少。因此，圣人不必亲自去实践就能了解世情，不必亲自去观察就能明白事理，不必勉强作为就能成功。

【解析】

在古代，人若想不出门就通晓天下大事。一是靠使用众人的智慧，像君主不可能事事躬亲，他可以派遣钦差大臣去了解情况，进行决策。《诗经》是中国古代最早的一部诗歌总集，反映了西周初年至春秋中叶约五百年间的社会风貌。实际上，《诗经》是西周的统治者为了解民情民意，派专人收集民间诗歌、乡间俚语等编辑而成的，以作为君主治国理政的依据。据说，后来《诗经》经孔子编订，去伪存真，存305篇，故称《诗三百》。这就是君主不出门，通过别人的调查来大概了解天下的情况。另有智者君子，通过人们口口相诵，结合自己的逻辑思维分析，来推知天下之事。如《三国演义》中，诸葛亮躬耕南阳，隐居卧龙岗，刘备三顾茅庐请他出山扶汉。他未出茅庐，便陈说三分天下之计，这就是著名的隆中对，也就是"不出户，知天下"了。二是以己推人。圣贤者之所以通晓天下之事，是因为他们能够根据自己的感受而推知别人的感受。他们自己感到饥寒，就知道天下人需要衣食。"安得广厦千万间，大庇天下寒士俱欢颜"，唐代诗圣杜甫因自己所住茅屋（成都草堂）破旧漏雨，联想到天下穷苦人也需要千万间宽敞明亮的大房子，体现了他博大的胸襟和为民情怀。三是收敛精神、闭门静思的需要。圣贤们为了安心修道，就闭门静思，希望不为外物所扰，所以要"不出户"。

当今时代，信息化高度发达，人们更能做到"不出户，知天下"了，爆炸的信息把世界各个角落都联络成地球村，不用出远门，便知天下事，已经不是什么稀罕事了。2020 年年初，新冠肺炎疫情虽然给我们的生活、社会带来不利影响，但事物总是有弊有利的：中国在抗击疫情中表现出色，为国际抗疫提供了中国方案，同时彰显了中国力量，充分显示了社会主义制度集中力量办大事的优越性，给世界树立了榜样；另外，在居家坚守中，人们快步进入互联网+智慧生活，远程会诊、远程医疗、远程办公、云辅导、网课、云开会、云视讯等闪亮登场，一些新事物方兴未艾，如雨后春笋般闯进人们工作和学习中，影响和丰富着人们的生活，这都将有力地推动我国智能社会和智慧城市建设的步伐。

老子列举了这么多现象，最后还是要旁证他"无为"就能"成功"的道理和主张。

第四十八章　为学日益

为学日益①，为道日损②。损之又损，以至于无为，无为而无不为。取③天下常以无事④，及⑤其有事，不足⑥以取天下。

【注释】

①为学日益：研究世俗学问而伪诈一天天增多。学，研究，获取。益，增多。

②损：减少。

③取：治理。

④无事：清静无为。

⑤及：等到。

⑥不足：不能。

【译文】

研究世俗的学问，伪诈一天天增多；研究大道，私欲一天天减少。私欲减少了再减少，最后达到了清静无为的境界。清静无为反而能够做成一切事情。治理天下总是依靠清静无为，如果等到碌碌多为，就不能够治理好天下了。

【解析】

本章提出"无为而无不为"的命题，意思是说只有做到了清静无为，才能做成一切事情。如治理国家，只有清静无为的君主才能把国家治理好，也就是只有那些具备了最真实天性的人才懂得永恒的大道，只有大公无私的思想才最接近清静无为，因为这些人本来就不存在欲望和私心。本书所说的"无为"，并不是什么也不干，而是要顺应外物而为，换句话说，就是根据客观情况，该干什么就去干什么；相反，如果需要去干什么的时候，而我们不去干，那也没有真正理解"无为"的含义。而"有为"的人就不同了，他们主观目的性非常明确，只要对自己有利就去勉强作为；与主观目的无关的事情，即使利国利民，也坚决不干。"无为"的另外一层意思是体现"自然规律","为"通"违","无为"是指做任何事都不违反自然规律。

《论语·宪问》中有句"是知其不可而为之者与"的话。意思是说，有旁人评价孔子"是明知事情做不到，还要坚持去做的那个人吧"。此句本意是孔子学生赞颂老师孔子是一个对理想孜孜不倦的追求者。儒家信奉"天行健，君子以自强不息"，应坚韧不拔地奉行"仁义"。《大学·中庸》中有记载：

> 博学之，审问之，慎思之，明辨之，笃行之。有弗学，学之弗能，弗措也；……有弗行，行之弗笃，弗措也。人一能之，己百之；人十能之，己千之。

意思是：广泛地学习，审慎地提问，慎重地思考，明确地辨别，坚定地执行。要么不学习，学习了而没有学会，就不要放弃；……要么不实行，实行了而没有坚持到底，就不要放弃。别人一次能做到的，我付出百倍的努力；别人十次能做到的，我付出千倍的努力。但老子恰恰认为不然，也无须如此。老子认为，做任何事情应顺其势而为之，不可"明知不可为而为之"，更不可勉强去做，而是要采取"以退为进"的策略，与儒家积极进取的人生态度并不矛盾，都是要治国爱民，只是两者殊途同归罢了。欲擒故纵是兵法三十六计中的第十六计，意思是故意先放走敌人，待其放松戒备，充分暴露，再一举歼灭之。三国时代，诸葛亮出山帮助刘备建立了蜀国，为了北伐成功复兴汉室大业，必须先稳定蜀国后方的西南夷酋长国。于是他亲领大军一战即擒获酋长孟获，按理可乘胜追击，顺势灭其国，但那样的话会留下极大的隐患。于是诸葛亮采用了老子讲的"以退为进"的策略，七擒七纵孟获，使其心悦诚服，主动请降，实现了南方诸地真正的和平稳定。诸葛亮不愧为伟大的军事家和战略家，是运用道家思想精髓的智者。

关于"为学日益，为道日损"的解释，若认为老子反对学习知识，这种理解就是错误的。老子当过周朝的图书馆馆长，他的学问好得不得了，不然怎么能写出这么玄妙的《道德经》？因此，我们不能把这句话理解为老子不重视学习，不鼓励做学问。我们为什么读书、做学问？读书是为了明理，做学问是为了提升自己的品德修养，这才是根本。可是，很多人做学问做到最后，学会了很多阴谋诡计、歪门邪道，这些都是用来算计别人，用来夺取财富的，这样只会使自己更加堕落，更加不会提升自我。人往往挡不住外界的诱惑，挡不住大量资讯的入侵，在这种情况下，人必须把握好自己，避免"为学日益，为道日损"，不要盲目地去吸收外面的东西，盲目地认为多多益善。看一本书一定要先看它的目录，如果这个目录不适合自己，那就丢掉。有人会说，你不看完，怎么知道它好不好呢？要知道，老子几千年前就已经提醒我们，如果你不加选择地去学习的话，学得越多，对自己的道德修养损害越大。这中间还涉及一个学习目的问题。荀子在《劝学》篇中说："古之学者为己，今之学者为人。君子之学也，以美其身；小人之学也，以为禽犊。"意思是说，古圣贤者学习是为了提升自身的道德修养，不是为了个人的私利，他会做到"知之为知之，不知为不知"，因此表现得"坦荡荡"的；而现在的学者学习是为了卖弄和哗众取宠，多是为了个人私利，别人不问，他会主动回答，问一而答二，以谄媚权贵，对待下属又动辄教训，所以显得急功近利，表现得"长戚戚"，这对身体也有很大的害处。中医学认为，忧则气凝，思则气结，久之体内会气滞血瘀，容易引发血栓性疾病和心理性疾病，如心肌梗死、脑卒中、焦虑症等。反之，君子胸怀坦荡，有利于体内气血顺畅运行，免疫力提升，就不易生病。

第四十九章　百姓之心

圣人无常心①，以百姓心为心。善者，吾善之②；不善者，吾亦善之，德善③。信者④，吾信之⑤；不信者，吾亦信之，德信。圣人在⑥天下歙歙⑦，为天下浑其心。百姓皆注其耳目，圣人皆孩之⑧。

【注释】

①无常心：没有私心。

②善之：善待他。

③德善：得到了善。德，通"得"，得到。

④信者：诚实的人。

⑤信之：相信他。

⑥在：在位，治理。

⑦歙歙：收敛，谨慎。

⑧孩之：使他们像孩子一样。

【译文】

圣人永远没有私心，而是把百姓的思想作为自己的思想。善良的人，我善待他；不善良的人，我也善待他，结果就会使他也变得善良。诚实的人，我相信他；不诚实的人，我也相信他，结果就会使他也变得诚实。圣人治理天下，收敛自己的私欲，要使天下人的心思归于浑朴。百姓都专注于自己的耳目欲望，而圣人要使他们都变得像无知无欲的婴儿一样。

【解析】

老子提倡"不善者，吾亦善之"，即指"以德报怨"。不管百姓是善还是恶，都一视同仁地善待他，都用自己那淳朴善良的高尚品质，去诚恳地对待他，让不善者得到感化，良知发现，而最终也变为善人。明代大儒王阳明，提出了"心学"最著名的四句箴言："无善无恶是心之体，有善有恶是意之动，知善知恶是良知，为善去恶是格物。"意思是说，人生下来本无差别，心中既无善也无恶，如呱呱落地的婴儿一样都怀有赤子之心。

之所以后来分成善人和恶人，是因为他所处的环境对他的诱惑，也就是人随着长大，意念一经产生，便分出善恶来。因此，圣人要做的事是启发每个人内心本已存在的善念——"良知"。最后，每个人要不断地去除内心恶念，弘扬善念，主动地多做善事，也就是儒家常说的"格物"。以上即是对这四句话的完整解释。而孔子并不认可"以德报怨"的说法，《论语·宪问》中说："或曰：'以德报怨，何如？'子曰：'何以报德？以直报怨，以德报德。'"

意思是，有人说："用恩德去报答怨恨怎么样？"孔子说："如果要是那样，用什么去报答恩德呢？应该是用正直来报答怨恨，用恩德去报答恩德才对。"从孔子的话中可以看出，他是不赞成老子的"以德报怨"思想的。这也是儒家思想与道家思想的区别之一。从本章中我们可以看出，老子确实是泛爱万物的"至公"。

进入新时代，政治家也要坚持"以百姓心为心"，与人民同呼吸、共命运、心连心，始终把人民放在心中的最高位置，自觉同人民想在一起、干在一起，真正做到为民谋利、为民尽责，不断增强人民群众的获得感、幸福感和安全感。

第五十章　出生入死

出生入死①。生之徒②十有三，死之徒十有三。人之③生动④之死地，亦十有三。夫何故？以其生生之厚⑤。盖闻善摄生⑥者，陆行不遇兕⑦虎，入军不被甲兵⑧。兕无所⑨投其角，虎无所措⑩其爪，兵无所容⑪其刃。夫何故？以其无死地⑫。

【注释】

①出生入死：从出生到死亡，指人的一生。

②徒：同"途"，引申为寻求、追求。

③之：走向，引申为追求。

④动：指求生的活动。

⑤生生之厚：保养生命的办法太过度了。第一个

— 202 —

"生"为动词，保养之意。第二个"生"为名词，
生命。厚，多，引申为过度。

⑥摄生：保养生命。

⑦兕：犀牛。

⑧被甲兵：受到杀伤。被，受到。甲兵，泛指兵器。

⑨无所：没有地方。

⑩措：放置，引申为用爪子抓人。

⑪容：容纳，引申为插入、刺入。

⑫死地：死亡的原因。

【译文】

在人从生到死的一生中，正常活到应有寿命的只占
十分之三，短命早夭的也占十分之三，而为了生存碌碌
多为反而陷入死亡境地的，却也占十分之三。那么这是
为什么呢？因为他们用来保养生命的办法太过度了。听
别人说，善于保护生命的人，在陆地上行走不会遇到犀
牛和猛虎这样的野兽，在战争中也不会为兵器所伤。因
为像犀牛这样的猛兽，在他身上找不到下角的地方，猛
虎也不用爪子抓他，兵器也伤不到他。这是为什么呢？
因为他身上没有引起死亡的原因。

【解析】

在古代，最能说明"人之生动之死地，亦十有三"这一道理的，大概要属古人服食金丹，以企求长生不老的行为了。古人认为，金丹有长生不老之功用，从君主皇帝到大臣名士，都热衷于服食金丹，结果却适得其反，很多人都因中毒早死。秦始皇大概是最早服用丹药的皇帝，有分析认为，他的早死可能与服丹药有关。唐宋时期，服食金丹的风气依然强劲，甚至唐太宗李世民，据说都因服食金丹而亡。后来的唐高宗、武则天、唐玄宗、唐宪宗和唐武宗都服用过金丹。据说，韩愈自己虽然曾极力反对皇帝迎佛骨和服食金丹，但也抵挡不住长生不老的巨大诱惑，想尝试服用金丹。于是他充分发挥自己的聪明才智，想出了一个"两全其美"的办法：先用金丹的主要原料硫黄拌食喂鸡，不使它交配，养千日后杀鸡食用。他主要怕直接服金丹有毒，于是想出一个转换的办法再吃，间接地服用金丹，但效果不佳，最终改为直接服用金丹。古人所服的金丹，主要是取山中矿石炼制的，矿石内含多种重金属元素，如硫、汞、铅等，硫与汞结合成化合物硫化汞，呈红色，"丹者，红也"，故称丹药或金丹。无论是汞还是汞化物，对人体都有剧毒，大量服用，会直接毙命。即使长期少量服用，也会导致慢性肾衰（尿毒症）和血液病，极易致人早死。同时这些矿石在熔炼的过程中，硫元素和氧会发生反应，产生剧毒的三氧化二砷，即俗称的"砒霜"，也可致人中毒死亡。也有些古人对此认识比较清楚，如唐代大诗人王维在其《秋夜独坐》诗中说："白发终难变，黄金不可成。"意思是说，人从出生到老死的过程是不可改变的，黄金（指金丹）也不可成。这就是否定神仙方术之事，指明炼丹服药祈求长生皆是虚妄。

现在虽然没有人再去服用丹药，但是用中药长期滋补健身、企求长寿的热潮依然不减，其中误区甚多。要想弄明白这个问题，还得先谈谈现代中医药存在的一些问题。中医药是中华民族的瑰宝，博大精深。中华文明之所以五千年连绵不断，与中医药的发展有着必然的联系。东汉时期，被人们称为医圣的张仲景，写了一部中医学巨著《伤寒杂病论》，它的问世，救治了数不清的病人。古代医者遵从该部医学论著救治病人，多显奇效。研究过该书的医务工作者都会发现一个现象，该书提供的方剂所列草药剂量不大，只要辨明征候，对症下药，就效果奇佳。但到了近代，经历了工业革命，医生发现再用该书中的原方去治疗病人，必须成倍地加大药量，方有疗效。如方中"甘草五克"，现在需"甘草十克"，才能达到原有疗效。这是为什么？原因就是在张仲景所处时代，医者多上山采药，所选中药材多为野生，而且讲究道地药材，所以小量效果就好；而现在中草药多为人工种植，即使是道地药材，成分含量也大为逊色，故要加大药量使用。另外，中草药用前还要经过炮制，古代多采用人工炮制，现在多为机器炮制，也会影响药品质量。

有一段时期，中药冬虫夏草被认为有补肾固肺，提高机体免疫力，甚至延年益寿之功效，又经过市场上的大肆炒作，导致价比金贵，能每天服用几根冬虫夏草，成为富贵人的象征。故青藏一带滥挖冬虫夏草现象屡禁不止，对当地生态造成一定破坏。更有不法商人弄虚作假，为了增加药品重量，在成品中穿入细铅丝，无知的人们还每天煮食、泡服，结果冬虫夏草的作用未起到，却会导致慢性铅在体内蓄积而中毒，得不偿失，这与古人服用金丹的行为何异。实际上，冬虫夏草根本不具备那么神奇的作用，即使有一定的保健作用，也要长久服用，短期内不会产生什么明显功效的。更加可恶的是，还有一些不良商贩在售卖之前，先把冬虫夏草熬煮一遍，析出有效成分另卖，再晒干熬煮过的原品出售，作假手段令人发指，这样消费者再买来泡服，必然无任何作用。

　　还有现在比较流行的，诸如长期服用三七粉、藏红花、西洋参，希望延年益寿的做法，都存在一定风险，只是人们并不了解其中的缘由。中草药学理论告诉我们，每种中草药都是有"偏性"的；而人体症候又分为阴阳、表里、寒热、虚实，中医称为"八纲"，不同体质的人服用中草药要进行中医的"八纲辨症"后方可使用。如果不分证型，一味进补，必然会产生副作用。另外，现代中草药多为人工培植，在成长过程中肯定需要施肥、喷洒农药；再者现代中药多采用机器加工，不能保证绝对不混入杂质，长期服用这些中药，其实并无很大作用，而重金属会在人体内蓄积，对健康有害无益；更何况，个别违法商贩为了增加中草药的卖相，竟用硫黄熏制红花，用化学药物浸泡枸杞子，使其看着更鲜艳，这样掺入工业原料进行炮制，会直接毒害人们的身体。因此，千百年来，人们追求健康长寿无可厚非，但建议大家还是用健康、科学、无害的办法去养生。

　　除了要做到生活规律，心情愉悦，适当锻炼，饮食清淡，食物种类多样化，还倡导大家从自己身上找养生办法。如有些人长期服用铁皮石斛来治疗胃肠病，不如平时养成细嚼慢咽的习惯，每口饭平均咀嚼30下，对胃肠大有裨益。细嚼还可以调节饭的温度，世界卫生组织（WHO）已确认，经常进食过烫的食物，有直接致食道癌的风险，多咀嚼就可避免饮食过烫；同时多咀嚼，唾液与饭菜会充分混合，有助于消化，缓解便秘，改善脾胃功能。

有人经常用三七粉、西洋参保健身体，不如自己经常主动做做腹式呼吸。人们通常的呼吸模式，以胸式或胸、腹联合式呼吸为主，这样呼吸效率不高，肺泡有些未完全张开，不能进行充分的血、气、氧交换，还容易引发坠积性肺感染。腹式呼吸训练是通过人体横膈的上下活动来呼吸的，这样能让肺泡完全张开，接纳更充足的氧气，有效排出分泌物和废气，提高了肺活量，带动心脏活力增强，提升人体的免疫功能，加强抗病能力。由于此种呼吸方式可让横膈上下摆动，被动地推动腹腔脏器规律运动，提升脾胃功能，利于胆汁排泄，所以有舒肝利胆的作用，还可预防胆结石的发生。以上方法，又省钱又安全，长期坚持必显奇效。因此，提醒人们，用中草药去保健养生，应秉持科学理性态度，客观评价其利弊，权衡个中得失，才能走出养生的误区。

关于"以其无死地"，犀牛和猛兽找不到下角的地方，兵器也伤不了他，他身上没有可导致死亡的原因，这是为什么呢？老子的意思是说，德高之人往往采取谦和卑下的方式与人相处，从不与人争执，那别人为何要无故伤害他呢？他们"不出户，知天下"，一心修身进德，从不招惹是非，从不冒险去获取私利，那么，就会远离危险，别人也不会主动来伤害他。圣人永远具"不争"之德，不与对手争锋，就永远不会输。

第五十一章　尊道贵德

道生之①，德畜②之，物形③之，势④成之。是以万物莫不尊道而贵德。道之尊，德之贵，夫莫之命⑤而常自然。故道生之，德畜之：长之育之、亭之毒之⑥、养之覆⑦之。生而不有，为而不恃⑧，长而不宰⑨，是谓玄德⑩。

【注释】

①之：指万物。

②畜：养育。

③形：使万物成形。

④势：万物生长所需的环境。

⑤莫之命：没有命令万物。

⑥亭之毒之：使万物结果成熟。亭、毒都是成熟的意思。

⑦覆：覆盖，引申为保护。

⑧为而不恃：帮助了万物却不依赖。为，帮助。恃，依赖。

⑨宰：主宰。

⑩玄德：高尚的品德。

【译文】

道促使万物得以产生，德使万物得以畜养，物质使万物得以成形，环境使万物得以成熟。因此，天下万物没有不尊崇道和重视德的。道被尊崇，德被重视，就在于没有命令万物而是顺其自然。所以说道使万物得以产生，德使万物得以畜养，它们使万物发育成长，使万物成熟结果，对万物加以抚养保护。它们生养了万物却不据为己有，帮助了万物却不依赖它们，成就了万物却不做它们的主宰，这可以说是最高尚的品德了。

【解析】

本章的前半部分，讲的是万物生长所需的四个条件。老子认为，必须先有一种规律存在，万物才能根据这种规律的安排而出现，没有这个规律，万物就无法产生，这个规律，即指道；万物的产生和发展，还必须有各自的特殊规律，也即各自的本性，才能顺利成长，即指德，而德来源于道；但是只有道与德还远远不够，还必须有物质元素才能使万物具有形体，没有这些物质元素，万物同样不能出现，即指物；有了物，万物发育、生长还需要各种环境条件，如土地、阳光、雨露等，也就是万物生长的生存环境，没有这种环境，万物的生长、成熟和结果，也是不可能的，即指势。道作为规律存在，是不能直接产生万物的，万物的产生必须具备以上四个条件。

本章的后半部分，仍是阐述道作为普遍规律，生养帮助了万物而不主宰它们，任由万物自由地发展。老子也是一再劝诫人们，要努力培养成道德高尚的人，要做到仁者爱人，爱动物，爱我们所处的环境，即泛爱万物，保护而不伤害它们，不向它们过度地索取，世界就会变得更加和谐。这种理念对我们当前仍具有十分重要的意义，保护野生动物和爱护环境就是保护我们人类自己，已成为当代人最重要的共识。

第五十二章　天下有始

天下有始，以为天下母①。既得②其母，以知其子③；既知其子，复守其母，没身④不殆。塞其兑⑤，闭其门，终身不勤⑥。开其兑，济⑦其事，终身不救。见小曰明，守柔曰强。用其光⑧，复归其明⑨，无遗身殃⑩，是为习常⑪。

【注释】

①天下母：天下万物的根本，指道。

②得：掌握。

③其子：道之子，指万物。

④没身：终身。

⑤塞其兑：闭目塞听。兑，孔窍，此处指耳目口

鼻等。

⑥勤：辛苦，痛苦。

⑦济：成就。

⑧光：光芒，比喻优点，长处。

⑨明：明智。

⑩无遗身殃：不给自己招来灾难。

⑪习常：习，通晓。常，永恒的道。

【译文】

天下万物都有一个始源，可以把这个始源看作万物的根本。掌握了这一根本，就可以凭此来认识万物的特性；已经认识了万物，再坚持万物的根本，终身没有危险。闭目塞听，无识无欲，终身没有痛苦。博见多欲，碌碌多为以求成功，终身不可救药。观察细微叫作明智，保持柔弱叫作强大。发挥长处，做到明智，不给自己招来灾难，这可以说是掌握了永恒的道。

【解析】

本章再次强调了道是天下普遍规律，可以看作是万物的根本。掌握了道这个根本，就可以去认识各自的特性——德。而且，只要坚持道这个根本，做到清静无为、无知无欲，终生就不会遇到危险；相反，如果碌碌多欲，勉强作为，就必然招致祸端。

秦始皇用武力一统天下后，不顾民情民意，唯我独尊，勉强作为，颁布许多法令。一是不准三人以上聚饮，即使是亲朋也不可杯酒释怀。二是令民间豪家名士、贵族大户不论情况，无论远近，即使在天涯海角，也要在限定日期内迁居首都咸阳，不准迟慢，否则便下狱问罪，抄没财产。此条最是害民之举，为何？本来名士大族，世代居住乡土，安居乐业，此令一出，抛去田园家产，又受那地方官吏的驱赶，风餐露宿，饱尝路途辛苦。好不容易到了咸阳，人生地不熟，谋食艰难。好好一个富户，变得贫穷；好好一位名门望族，被害得垂头丧气，做了个落魄流民。孟子说："无恒产者无恒心。"仅这一项就会导致天下人心离散，为秦朝的亡国埋下了祸根。三是为防人造反，收缴天下兵器，铸成十二个铜人。凡全国险要关隘，堤防要塞，统统拆除。城堡关塞削平了，无险可据，一旦盗贼蜂起，无从防守，最终还是民众受害。秦始皇还好大喜功，令天下各郡修筑驰道，便于他随时御驾巡游，还借泰山封禅之名，广招夫役，日夜营造琅琊台，备极苛酷工役。此役刚结束，又命起造阿房宫。其规模之大，根据唐代诗人杜牧在《阿房宫赋》中的描写，可见其势："覆压三百余里，隔离天日……五步一楼，十步一阁……矗不知其几千万落。"可惜秦始皇年仅五十，便死于巡游沙丘的路上，不得寿终。他死后不仅秦帝国即告崩塌，阿房宫也被项羽一炬，连烧了三个月余，仅剩一片焦土。这就是碌碌多为，违背规律，招致祸端的明证。

关于"塞其兑，闭其门"的理解，直译过来是说"让我们闭目塞听，无知无识"。这不是让我们脱离社会，都变成俄国作家契诃夫描写的"装在套子里的人"了吗？不是这样的。老子主要的目的还是劝大家少学习一些世俗知识。对于健康而言，做到"塞其兑，闭其门"，就很有益于我们。现代社会，大家已经开始注意噪声对我们身体的危害了，为什么现在患老年耳聋症的患者逐年增多？有人会说，老了耳聋很正常，其实这是一种误区。人类在正常寿命中，听力可以始终维持正常，年老并不是耳聋的原因，主要还是因为噪声对我们耳朵的长期伤害，才导致早发耳聋。所以，出门时我们如果不是行走在交通复杂地区，可以选择带上耳塞，以避免周围巨大噪声对听力的损害。另外，现在光污染对我们视力的伤害，还远没有引起国家和人们的关注。手机、电脑、城市霓虹灯的炫光等都含有有害的蓝光成分，直接伤害我们眼睛里的黄斑区。夏天我们都知道戴墨镜防紫外线，其实冬天紫外线依然强烈，可是很少有人戴墨镜防护，紫外线长期刺激我们的眼睛，会导致白内障发生。如果我们懂得这些健康知识，注意保护它们，老年后仍可保持耳聪目明。本章中的"兑"指耳目口鼻，因此，"兑"还代表嘴巴，那么"病从口入""祸从口出"的道理，不用再去过多地解释了。

第五十三章　行于大道

使我介然①有知，行于大道②，唯施是畏③。大道甚夷④，而民好径⑤。朝甚除⑥，田甚芜、仓甚虚。服文彩⑦，带利剑，厌⑧饮食，财货有馀，是谓盗夸⑨。非道也哉！

【注释】

①介然：很少的样子。介，细小，微小。

②大道：大路，比喻光明正路。

③唯施是畏：只怕走斜路。施，通"迤"，斜路。

④夷：平坦。

⑤民好径：统治者喜欢走斜路。民，暗指统治者。径，斜路，小路。

⑥朝甚除：朝堂修饰得非常富丽。朝，朝堂，宫殿。除，修整。

⑦文彩：华丽的衣装。

⑧厌：吃饱喝足。

⑨盗夸：指贵重的财物或尊贵的地位不是以正当的手段得来的。夸，指不是用正道获得的。

【译文】

假如我多少有点儿常识的话，我会沿着光明大路行走，而生怕走斜路。大路非常平坦，而统治者偏偏喜欢走斜路。他们把自己的宫殿修得富丽堂皇，而农田却荒芜着，粮仓也很空虚。他们身穿华丽服装，腰佩锋利长剑，吃饱喝足，财富有余，然而，他们的财富和地位并不是以正当的道义获得的。

【解析】

关于"大道甚夷，而民好径"问题，《礼记·中庸》中有一段记载可以帮助理解：

子曰："素隐行怪，后世有述焉，吾弗为之矣。……君子依乎中庸，遁世不见知而不悔，唯圣者能之。"

意思是，孔子说："从前有人总喜欢探求邪理，走邪路，后世也有记载，但我只走光明大道。……君子依'道'立身，即使隐退也无怨无悔，这只有圣德之人才可以做到。"文中孔子同老子一样，批评了世俗之人专走邪道，而崇道修德之人坚定不移地修道进德，从不半途而废。在本章中老子批评了统治者不体恤天下百姓的疾苦，一味地自己享乐，就是一种"走邪路"的行为，也是"在智犹迷"的表现，也说明了"真教难仰，曲学易遵"的社会现象。

关于选择健身方式的问题，我们还是倡导采取慢跑或快走的方式，这是最适合中国人体质，能达到消除体内脂肪、提升心肺功能之目的的方式。而有些人偏偏喜欢猎奇，学习欧美国家，以追求肌肉丰美为目的，采取一些高强度的运动方式，结果极易造成运动损伤，如膝关节和半月板损伤、关节软骨过早退化等。我们的膝关节天生耐受力十分强大，足够用一辈子的，但如果你选择的运动方式不当，会让它提早损坏。单对保护膝关节来说，游泳是最好的运动方式，但游泳多受条件限制，另按中医观点，经常游泳会产生"湿邪"侵袭，长期会导致皮肤方面的疾病。而慢跑和快步走只要姿势正确，对膝关节损伤极小，大可不必担心。另外，我们平时要经常主动地训练膝关节，医学上有个保护人体关节的原理：就是要尽力加强关节周围的肌肉力量，才能更好地保护关节，因为肌肉训练发达后，不仅会紧紧地包裹关节，而且能为关节提供更加丰富的血液供应，起到很好的保护作用。

加强膝关节周围肌肉的具体训练方法是：背垂直靠墙下蹲，使躯干与大腿成 90°，大腿与小腿成 90°，双腿分开与肩同宽，每次坚持 30 秒即可，每天 3 次。此法简单易行，不受场地限制。只要坚持，膝关节周围的肌肉就会很快丰满起来，就可以保护关节不受损伤了。再者，我们的膝关节最怕受冻、受寒，一年四季都要注意为膝关节保暖，尤其夏季注意不可用空调直吹。春冬寒冷季节，最怕因美而露膝，这种情况以年轻人居多，殊不知，这些行为都为以后发生膝关节病埋下了祸根。还有，尽量不要选择"爬山""蹬楼梯"这样的运动方式，必须要上下楼时，也要学会正确的行走方法。我们一直倡导趁年轻，应像储蓄存钱一样，为我们的健康多储备点"财富"，这样做才算是真正的智者，做到正如本章说的"使我介然有知，行于大道"。

第五十四章　善建不拔

善建者不拔，善抱者不脱，子孙以祭祀不辍①。修之②于身，其德乃真；修之于家③，其德乃馀④；修之于乡，其修乃长；修之于国⑤，其德乃丰；修之于天下，其德乃普。故以身观身⑥，以家观家，以乡观乡，以国观国，以天下观天下。吾何以知天下然哉⑦？以此。

【注释】

①以祭祀不辍：凭此可以祭祀不断。以，凭借。辍，停止。

②之：指道。

③家：家庭，引申为家族。

④馀：丰。

⑤国：邦国。

⑥以身观身：以修身的原则来观察人。第一个"身"指修身，第二个"身"指人们。

⑦何以知天下然哉：凭什么来了解天下的情况呢？何以，凭什么。然，代词，指天下情况的好坏。

【译文】

善于建立的就无法被拔掉，善于抱持的就不会脱落，子孙凭此可以世代祭祀祖先而不中断。按照大道去修身，个人美德就会变得纯真；按照规律来要求全家，个人美德就会充裕；按照规律来管理全乡，个人美德就会长久；按照规律来醇化国家，个人美德就会丰硕；按照规律来治理天下，美德就会普及天下。所以要用修身的原则来观察人，用齐家的原则来观察全家，用理乡的原理来观察全乡，用治国的原则来观察全国，用平天下的原则来观察天下。我凭什么来了解天下情况的好坏呢？就凭借这一原则。

【解析】

关于"善建者不拔，善抱者不脱，子孙以祭祀不辍"，春秋时期，有个叫孙叔敖的楚国人，任楚国令尹。

当时淮河洪灾频发，他主持治水，倾尽家资，修建了大量水利工程灌溉农田，造福淮河两岸的黎民百姓。他还宽刑缓政，着力发展楚国经济，主张以民为本，止戈休武，颇受楚庄王赏识，后辅佐楚庄王成为春秋五霸之一。因他在位期间政绩斐然，楚庄王准备封赏他一块肥沃之地，但他坚辞不受，仅接受土质差，听起来很不吉祥的"寝丘"之地。"寝丘"在古代有陵坟的意思，很不吉利。正是因为此地听起来甚不吉利，历经几度朝代更替与战争洗礼，孙叔敖的后代还能安享封地并繁衍生活。如果当时他因贪利而接受了一块美地，早被后代有权有势者抢掠而去了，其子孙也会流离遭殃。这就是"善建者不拔"的例证。

关于"修之于身，其德乃真"，与儒家的修身、齐家、治国、平天下的论述十分相似。《礼记·大学》中记载："身修而后家齐，家齐而后国治，国治而后天下平。"意思是说，做人先要按照道德标准去修身，而后才能使家族安定；家族安定后，才能使国家得以治理；国家得以治理，然后才能使天下太平。因此，要想观察一个人、一个国家，主要看这个人是否具有无知无欲、清静无为的美德，这是老子用来观察和衡量一个人、一个国家好坏的标准。

第五十五章　物壮则老

含德之厚，比于赤子①。蜂虿虺蛇不螫②，猛兽不据③，攫鸟④不搏。骨弱筋柔而握固⑤，未知牝牡之合⑥而全作，精⑦之至也。终日号而不嗄⑧，和⑨之至也。知和曰常⑩，知常曰明，益生曰祥⑪，心使气曰强⑫。物壮则老，谓之不道，不道早已⑬。

【注释】

①比于赤子：像初生的婴儿一样。赤子，婴儿。比，和……一样。

②蜂虿虺蛇不螫：蜂蝎蛇虫不会去刺伤他。虿，蝎子。虺，一种毒蛇。螫，毒虫刺人。

③据：抓。

④攫鸟：能用爪子搏击的凶鸟，如鹰、雕之类。

⑤握固：拳头握得很紧。

⑥牝牡之合：指雌性与雄性交配。

⑦精：精气。

⑧号：大声哭。嗄：声音嘶哑。

⑨和：平和无欲。

⑩常：代指道。

⑪益生曰祥：纵欲贪生就会有灾殃。祥，不祥，灾殃。

⑫心使气曰强：心机主使和气就是逞强。

⑬已：停止，灭亡。

【译文】

如果一个人具有高尚的道德，能像初生的婴儿一样柔弱不争，那么各种蜂蝎蛇虫就不会去刺伤他，猛兽就不会去扑抓他，凶鸟也不会搏击他。他身体虽然柔弱无力，拳头却握得很紧。他还不知道雌雄交配但生殖器却自动勃起，这是因为他精气充足。整天号哭而声音却不嘶哑，这是因为他平和无欲。如果一个人懂得保持平和无欲的状态，可以说他懂得了规律，懂得了规律叫作明智。纵欲贪生就会有灾殃，心机主使和气就是逞强。事物强盛了就会走向衰老，求强求壮是不符合道的，不合道就会很快灭亡。

【解析】

如果人们像纯真的婴儿一样，无求无欲，不犯众物，毒虫猛兽也不会主动进攻他；道德高尚的人，心胸开阔，善于纳物，如海纳百川，不善之人也能接纳，从不与人争执，也就不会受到伤害。正因为如此，婴儿虽然柔弱无力，安全却很有保障。德高之人，卑下谦和，自然以柔克刚。

反之，如果不保持平和无欲，不克制自己的欲望，一味求强求壮，结果会适得其反。且看诗仙李白在《古风》（其三）中如何评价秦始皇的：

> 秦皇扫六合，虎视何雄哉！
>
> 挥剑决浮云，诸侯尽西来。
>
> 明断自天启，大略驾群才。
>
> 收兵铸金人，函谷正东开。
>
> 铭功会稽岭，骋望琅琊台。
>
> 刑徒七十万，起土骊山隈。
>
> 尚采不死药，茫然使心哀。
>
> 连弩射海鱼，长鲸正崔嵬。

额鼻象五岳，扬波喷云雷。

鳍鬣蔽青天。何由睹蓬莱？

徐市载秦女，楼船几时回？

但见三泉下，金棺葬寒灰。

诗人用先扬后抑、夸张浪漫的技法，述说了秦始皇的功与过。特别对他的奢靡浪费、严刑峻法、残暴无道，给予夸张式的讽刺。此历史事实再次印证了，老子的"将欲取天下而为之，吾见其不得已。天下神器，不可为也。为者败之，执者失之"。天下是个神圣的东西，是不能随意人为操纵的。按马克思主义哲学观点，社会基本矛盾（生产力与生产关系的矛盾）才是社会发展的根本动力，人民群众是历史的创造者，不是哪个英雄能够左右和把持的。

现在有许多人酗酒，就是不懂得"知和曰常，知常曰明，益生曰祥，心使气曰强"的道理，也算是不懂得健康规律的人了。中华文化博大精深，所谓酒文化也源远流长。医的繁体字是"醫"，下面的"酉"字，按《说文解字》的释义就指酒坛子。这说明酒在中国古代是重要的医治手段，现在中医中药体系中还经常有用药酒治疗慢性病的疗法。但是，最新的医学研究发现，饮酒对人体的伤害，越来越严重。酒喝到一定量后，首先会干扰人的判断力和自控力，容易诱发犯罪活动，对社会产生极大的危害；其次，长期大量饮酒，体内可产生酒精依赖，导致人们认知、行为、社会功能甚至人格方面的障碍，又很难戒断，易出现酒精戒断综合征。饮酒是导致酒精肝、脂肪肝的主要原因，最后会发展成肝硬化、肝癌。长期饮酒还会破坏大脑的小动脉（深穿支动脉），加之饮酒会升高血压，是诱发脑出血的重要因素。饮酒还可以使口腔癌、喉癌、食道癌等发病率大幅增加。有酒精代谢基因缺陷的人，即使少量喝酒，也会产生病理性醉酒，也叫酒精性精神病，更容易产生家庭暴力，导致家庭矛盾甚至命案的发生。饮酒的危害真是不胜枚举，由于产生这一切的根源是乙醇，所以，只要饮酒，无论以哪种方式、饮何种品类，对人体均会产生损害。因此，世界卫生组织（WHO）把对人们的健康提示改为戒烟戒酒。有人会问，喝酒不还可以活血化瘀吗？先不说喝酒是否能活血化瘀，即使是有这种作用，也抵不了以上所展示的危害，可谓弊大于利！

第五十六章　知者不言

知者①不言，言者不知。塞其兑②，闭其门，挫其锐；解其分，和其光，同其尘，是谓玄③同。故不可得④而亲，不可得而疏⑤；不可得而利，不可得而害；不可得而贵，不可得而贱。故为天下贵。

【注释】

①知者：懂得大道的人。

②兑：孔窍，门户。

③玄：微妙。

④不可得：不可能。

⑤疏：疏远。

【译文】

懂得大道的人是不喜欢谈论大道的，喜欢谈论大道的人并不真正懂得大道。懂得大道的人使人们闭目塞听，不要世俗知识，挫去他们的锋芒，从而化解他们之间的纷争，调和他们的光耀，使他们混同而不太完美。这就叫作微妙的混同。所以对于懂得规律的人，既不可能与他太亲近，也不可能与他太疏远；既不可能使他得利，也不可能使他受害；既不可能使他尊贵，也不可能使他卑贱。所以他被天下人尊崇。

【解析】

关于"知者不言"的问题，老子认为大道不可言说，说出即非大道。有高尚道德的人是不显示自己的美德的，正如人们生活中的常识"开水不响，响水不开"一样，水烧开了，沸腾了，升华了，但反而响声小了，沉寂了；未烧开的时候，水声则特别响。佛教有一段著名的典故：

世尊在灵山会上，拈花示众。是时众皆默然，唯迦叶尊者破颜微笑。世尊曰："吾有正法眼藏，涅槃妙心，实相无相，微妙法门，不立文字，教外别传，付嘱摩诃迦叶。"

翻译过来是说，一天佛祖释迦牟尼在讲法大会上，并未发一言，只用手拿一枝花给众弟子看。众弟子都不知其意，面面相觑，唯有佛祖的大弟子摩诃迦叶对佛祖的示意心领神会，故破颜微笑。佛祖说："我有全部佛法，包含佛教全部修习的最高理想方法和奥秘，并无文字，属佛教义外的心得，只可意会不可言传，今传于摩诃迦叶。"迦叶因此开创了禅宗一脉，成为古印度禅宗初祖。此典故也揭示了"知者不言"所蕴含的道理。

但是，老子更知道，要想让人们都明白大道，离开了语言终究是不行的。语言毕竟是工具，是桥梁，只有通过它才能够把握大道。他想轻视语言，但又不得不去使用语言著述《道德经》，也是无可奈何的事。毕竟人的本质属性是人的社会性，社会是人的社会，人是社会的人，人与社会不可分。因此，人与人之间要交往，就必然离不开语言这一媒介。

本章后半部分是说，圣人是清静无欲的，就像形容道本身一样，"迎之不见其首，随之不见其后"。因此，人们对圣人既无法亲近，也无法疏远，既不能使他尊贵，也不能使他卑贱，因为他们宠辱不惊，已超然物外，任何名利灾祸也影响不了他们的思想情感。正如唐代大诗人白居易说的"我无奈何命，委顺以待终。命无奈我何，方寸如虚空"。如果命运对一个心如虚空的人来说，无可无不可，那么命运再差也无法给他带来任何痛苦。

第五十七章　以正治国

以正①治国，以奇②用兵，以无事取③天下。吾何以知其然哉？以此。天下多忌讳④，而民弥⑤贫；民多利器⑥，国家滋⑦昏；人多伎巧⑧，奇物⑨滋起；法令滋彰⑩，盗贼多有。故圣人云，我无为而民自化，我好静而民自正，我无事而民自富，我无欲而民自朴。

【注释】

①正：正道。

②奇：奇谋，指权诈的手段。

③取：治理。

④忌讳：指不许说不许做的事。

⑤弥：更加。

⑥利器：优良的器具。

⑦滋：更加。

⑧伎巧：技巧。

⑨奇物：邪物，邪恶的事情。

⑩彰：明，清楚。

【译文】

用正道治国，用权诈的手段用兵，用清静无为的政策来管理天下。我根据什么知道应该这样呢？根据下面这些事情可以看出：天下忌讳越多，百姓越穷；人们的优良器具越多，国家越混乱；人们技巧越多，邪恶的事情越多；法令越清楚，盗贼越多。所以圣人说："只要我无为，百姓就会自然发展；只要我清静，百姓就会自然端正；只要我无事，百姓就会自然富足；只要我无欲，百姓就会自然纯朴。

【解析】

本章老子认为，用兵打仗往往以奇制胜，所谓兵不厌诈；然而，治国仍要采用清静无为的政策，碌碌多为，必然会招致失败。秦始皇一统天下后，施行严刑峻法，民众动辄得咎，真可谓是"法令滋彰，盗贼多有"。结果秦始皇刚去世不久，就爆发了陈胜、吴广领导的大泽乡起义，六国贵族也趁势拉起队伍反抗秦朝。结果刘邦首先率军攻破函谷关，占领秦朝首都咸阳。秦二世胡亥仅仅当了三年皇帝，二十四岁就被逼自杀了。偌大个秦帝国仅维持了十五年，就土崩瓦解了。刘邦进占关中后，首先废除了秦朝的浩繁苛法，仅约法三章："杀人者死，伤人及盗抵罪。"百姓闻知，都奔走相告，欢呼响应，纷纷用牛羊酒食来慰劳刘邦军队。由于刘邦采取了"无为"政策，简明约法，因此，他得到了天下百姓的信任、拥护和支持，并最终取得天下，建立了西汉王朝。《左传·庄公十一年》中说："禹、汤罪己，其兴也悖焉；桀、纣罪人，其亡也忽焉。"说明国家的兴与亡，是有其内在规律的，就是老子强调的是否做到了"以正治国"，是否做到了"清静无为"，是否遵从了客观规律。

关于"民多利器，国家滋昏"的问题。利器，古代多指优良的器具或武器，在现代，原子弹算是利器了。然而，据说爱因斯坦曾经感慨，下辈子宁可当拧螺丝的工人，也绝不再做科学家。因为当时科学家是被资本家利用的工具，这是他们的无奈。二战末期，爱因斯坦联合其他科学家，坚决反对在日本使用原子弹。罗斯福总统却命令把原子弹投向广岛和东京。可是，当时东京上空云雾实在太大，于是，飞行员就近投向了长崎。通过这个事例，我们会加深对本章内容的理解。

第五十八章　福祸相倚

其政闷闷①，其民淳淳②；其政察察③，其民缺缺④。祸兮福之所倚⑤，福兮祸之所伏。孰知其极⑥？其无正？正复为奇⑦，善复为妖，人之迷，其日固久。是以圣人方而不割⑧，廉而不刿⑨，直而不肆⑩，光而不耀⑪。

【注释】

①闷闷：质朴的样子，含有宽厚之义。

②淳淳：忠厚的样子。

③察察：清楚的样子，含有严苛之义。

④缺缺：狡诈的样子。

⑤倚：靠。

⑥孰知其极：谁也不知道是福是祸。极，终极，最

后的结果。

⑦奇：邪恶。

⑧割：损害。

⑨廉：棱角。刿：划伤。

⑩肆：放肆。

⑪燿：过分明亮，刺眼。

【译文】

政令宽厚，百姓反而会变得淳朴。政令严苛，百姓反而会变得狡诈。祸啊，福就会靠着它；福啊，祸就藏在里面。谁能知道最终是福还是祸呢？没有永远正确的东西，正确会变成邪恶，善良也会变成邪恶。人们不懂得这一道理，由来已久了。因此，圣人方方正正做人，却不为难别人，有棱角却不伤害别人，坚持正道却不放肆，发出光芒却不刺人眼睛。

【解析】

老子所讲的"祸兮福之所倚，福兮祸之所伏"包含着极强的辩证法思想。用辩证唯物主义中的矛盾观点分析，这句话讲的正是矛盾规律。"祸"使人悲伤，"福"使人快乐。因此，"祸""福"之间是对立统一关系。也就是说，有"祸"可能会使人吸取教训，而产生"福"；"福"有可能会使人乐极生悲，而产生"祸"。这同时也告诫人们，在顺境中，要谦虚谨慎，戒骄戒躁。如果志得意满，狂妄自大，反而滋生灾祸，由福转祸。在逆境中，要百折不挠，勤奋刻苦，因而取得成绩，可变祸为福。以上讲的是主观方面。实际上，在很多情况下，仅仅因客观原因，也能够使人的祸福转化，最著名的例子，就是大家熟知的塞翁失马的典故。"塞翁"就因为家中丢失了马这件事，使家里的祸福转化了几次。但只要我们像"塞翁"一样祸来不忧，福来不喜，而且尽可能转祸为福，避免把福变成祸，就可以说是一个充满智慧之人。

老子说，正确的东西有时会变成邪恶的，好的会变成坏的，任何事物都会向反面转化，那么圣人如何避免自己变成恶人呢？办法就是做到"方而不割，廉而不刿，直而不肆，光而不耀"。也就是凡事不走极端，做事留有余地。

第五十九章　长生久视

治人事天①莫若啬，夫唯啬②，是谓早服③。早服谓之重积德④，重积德则无不克⑤，无不克则莫知其极⑥，莫知其极，可以有国。有国之母⑦，可以长久。是谓深根固柢⑧，长生久视⑨之道。

【注释】

①治人事天：管理百姓，对待自然。事，侍奉，对待。天，指自然。

②啬：节俭，引申为清静无为。

③早服：及早遵从规律。服，服从，遵循。

④重积德：不断地积累品德。

⑤无不克：无往不胜。克，胜。

⑥莫知其极：无法估量他的力量。极，指力量的极限。

⑦母：根本，原则。

⑧柢：树根。

⑨久视：长久存在。

【译文】

管理百姓，对待自然，最好的办法就是清静节俭、积蓄力量。清静节俭、积蓄力量，这就是及早遵循规律。及早遵循规律也就是不断地积累自己的品德，修养自己的品德也就能无往而不胜，无往而不胜就没有人能估量他有多大的力量，有了无法估量的力量就可以治理国家。掌握了治理国家的根本原则，就可以长久存在。这就是巩固根基、永世长存的办法。

【解析】

本章提到一个关键字"啬"，是节俭的意思，引申为清静无为，其反义词是"奢"。老子认为，治理国家首先要勤俭，遵循规律，修养自身品德，做到清静无为，这才是治国、平天下的长久之道。相反，穷奢极侈，必然很快导致国破家亡。唐代大诗人刘禹锡在《金陵五题·

台城》中说：

　　台城六代竞豪华，结绮临春事最奢。

　　万户千门成野草，只缘一曲后庭花。

　　诗的大意是：金陵是六朝古都，台城又是古都金陵的核心区，是六朝帝王起居临政的地方。六朝皇帝都以奢侈荒淫著称，到了南朝陈后主的时候，其奢侈更甚。他营造了"结绮""临春""望仙"三座极尽奢华的楼阁，倚翠偎红，不理朝政，还自谱新曲《玉树后庭花》，填上淫词，让数以千计的美女边歌边舞。可怎料笙歌未彻，隋文帝杨坚已派兵攻打都门，楼上红灯，歌舞喧嚣；楼下战火，连为一片，南陈就这样在靡靡之音中亡国了。历史的教训如此深刻，至今仍历历在目。唐代诗人李商隐在《咏史》中也写道："历览前贤国与家，成由勤俭破由奢。何须琥珀方为枕，岂得珍珠始是车？"意思是说，纵览历史，凡是贤明的国家，成功都源于勤俭，衰败都源于奢华。为什么非要琥珀才能做枕头，为什么那镶有珍珠的才是好车呢？此诗写得极好，李商隐用发展变化的历史观，分析社会的变化，将国家的兴旺归结于人为——成由勤俭败由奢，在古代，有这样的认识是难能可贵的。

　　"汉初三杰"之一的张良就是一位懂得修养自己品

德，善于积蓄力量，更懂得顺从规律的人。张良，字子房，先辈原为韩国贵族。秦灭韩后，张良失去安乐窝，心怀亡国亡家之恨。不久，他就在沂水桥头遇到黄石公。由于张良心至诚且有隐忍精神，遂感动了黄石公，黄石公授其《太公兵法》，这就是本章说的"早服谓之重积德"。如果张良遇黄石公的故意刁难，便勃然大怒，则无之后的"汉初三杰"了。他辅佐汉高祖刘邦，屡献奇策，终于赢得楚汉战争，帮助刘邦建立了大汉王朝，张良也被封为留侯。当时汉高祖刘邦评价说："夫运筹策帷帐之中，决胜千里外，吾不如子房。"然而张良精通黄老之学，不恋权位，不久便跟随道人赤松子云游四海去了，得以寿终正寝。这也就是本章说的，他掌握了"长生久视之道"。

本章的"啬"与"奢"的道理，用在健康饮食上，会给我们什么启示呢？现在提倡回家吃饭，这不仅仅是一个增进感情、维护家庭感情的问题，其中确实含有促进我们健康的因素。如今，我们在健康饮食上最难落实的问题是：控盐、控糖、控油。这对纠正人们的"三高"又至关重要，经常在外吃饭，无论我们怎样交代，如何注意，都无法理想控制盐、糖、油的用量。而回家吃饭，很好地解决了这个问题，原因不讲自明，这也是让我们真正做到"管住嘴，迈开腿"，崇尚健康的生活方式。还有，现在的年轻人，经常去吃消夜，这样首先有违作息规律，熬夜疲劳，打破了人体的阴阳平衡，就会削弱人体的免疫力；其次，会不自觉地摄入高盐、高油和高糖，同时消夜的绝佳搭配——海鲜加啤酒，会触发年轻人患痛风的概率增多；再次，夜间饮食作坊多失于监管，食材令人担忧。这些都增加了不健康的因素，推高了肥胖人群的占比，这些都违背了"啬"的含义。世界卫生组织（WHO）已认定，肥胖已经成为21世纪人类共同面对的健康问题，不仅如此，它也日益成为普遍的社会问题。肥胖首先容易引起糖尿病和胆结石，由于它常常伴随体内代谢紊乱，还会导致高血脂，最终诱发心脑血管病。因肥胖常导致内分泌紊乱，还可增加女性患乳腺癌的风险。此外，肥胖还是引起胃食管反流症的罪魁祸首。因此，说肥胖是万症之源并不过分。本文的"治人事天莫若啬"，同样适合指导我们的健康饮食行为。

第六十章　治国烹鲜

治大国若烹小鲜①。以道莅②天下，其鬼不神③。非其鬼不神，其神不伤人；非其神不伤人，圣人亦不伤人。夫两不相④伤，故德交⑤归焉。

【注释】

①烹：煎。小鲜：小鱼。

②莅：临，统治。

③神：指显示神灵。

④相：全部，共同。

⑤交：都。

【译文】

治理国家就像煎小鱼那样（不要经常翻动它）。按照规律来治理天下，那些鬼就不灵验了。并不是鬼不会显示灵验了，而是它的灵验不能伤害人。不仅它的灵验不去伤害人，圣人也根本不伤害人。因为这两者都不伤害人，所以德都会归于你。

【解析】

本章老子用煎鱼这一生活常识来暗喻治国。大家都知道，煎鱼时切忌多翻动，否则会把鱼做成鱼糟而不成鱼块。老子认为，治国仍应坚持清静无为，不可多为、多翻动，要求统治者要保持政令的稳定，绝不可朝令夕改。

《论衡》一书，是东汉时期伟大的思想家王充所著。该书解释世俗之疑，以事实为依据，批判了世上有鬼神存在的论调，是一部不朽的唯物主义哲学著作，王充因此也被认为是"无神论者"。其中《订鬼篇》记载：

凡天地之间有鬼，非人死精神为之也，皆人思念存想之所致也。致之何由？由于疾病。人病则忧惧，忧惧见鬼出。凡人不病则不畏惧。

故得病寝衽，畏惧鬼至；畏惧则存想，存想则目虚见。

意思是说，大凡天地间人们说有"鬼"，并不是人死后变的，而是因人们思想虚构产生的。人生病后，担忧害怕，就会胡思乱想，鬼便出现了。所以越是卧床不起，越怕鬼，胡思乱想，眼睛就会恍恍惚惚地看见鬼。

事实上，世上并不存在鬼，说见鬼了，多是人们的幻觉而已。之所以会产生幻觉，这与人的生理状态有关，所谓"正气存内，邪不可干""邪之所凑，其气必虚"。意思就是说，如果一个人本身体质够强，各种致病因素都不能入侵，也就不会有鬼存在。如果人们如老子所说，做到清心寡欲，那么人体的气血就会十足，就叫"正气存内"，鬼的力量也就不存在了，即"其鬼不神，其神不伤人"。另一方面，有些人心术不正，做一些伤天害理的事情，这叫心中有鬼。所谓"小人长戚戚"，不是真正有鬼，而是总怕所做丑事、损人利己之事，哪天被揭发出，故终日惴惴不安，仿佛有鬼存在；而君子宁可自己吃亏，也不会做背德损人之事，良心得到安顿，这就是所谓"君子坦荡荡"，正如俗语所说"不做亏心事，不怕鬼敲门"，也就没鬼了。可见，世上根本没有鬼的存在，这种鬼完全是由个人心中所捏，心中所造的。因此，老子再次告诫人们要清静少欲，不要过分养生，就会正气存内，阴阳调和，气血顺畅，鬼神根本不会伤害你；再加上圣人是泛爱万物的高尚之人，也绝不会伤害你。有这两者护佑，你就可以享受德的恩泽了。

第六十一章　一谦四益

　　大国者下流。天下之交^①，天下之牝^②，牝常以静胜牡^③，以静为下。故大国以下^④小国，则取小国；小国以下大国，则取大国。故或^⑤下以取，或下而取。大国不过欲兼畜^⑥人，小国不过欲入事^⑦人，夫两者各得其所欲，大者宜^⑧为下。

【注释】

①交：交汇，归附。

②牝：雌性的鸟兽，含有柔弱的意思。

③牡：雄性的鸟兽。

④下：谦下。

⑤或：有时。

⑥兼畜：兼并畜养。

⑦入事：侍奉别人以求庇护。

⑧宜：应该。

【译文】

大国应该像大海一样居于百川的下流，这样天下就会归附于它，并处于天下最柔雌的状态。雌性总是凭着沉静的性格战胜雄性，因为沉静也是一种卑下的表现。所以大国用谦下的态度去对待小国，就能取得小国的拥戴；小国用谦下的态度去对待大国，就能得到大国的庇护。所以大国有时谦下就能得到小国的拥戴，小国有时谦下就能得到大国的庇护。大国不过是想兼并畜养小国，小国不过想得到大国的庇护，那么它们就能各自满足自己的要求和目的。不过大国更应该注意谦下。

【解析】

关于"大者宜为下"，意思是说作为大国因人口众多，沃野千里，比小国更有实力，要想得到小国的拥戴，当然要做到谦和、卑下。犹如兄弟之间，兄长首先要学会让着弟弟，正如俗语说的"要想好，大让小"，要想家庭和睦，大的自然要爱护小的，因为大的有长大的自然优势，小的尚未成人需要呵护，这也是中华的美德。《礼记·礼运》中说："父慈、子孝、兄良、弟弟、夫义、妇听、长惠、幼顺。"兄长爱护弟弟就叫作"良"。

本章重点阐述了"谦下"的好处。《周易·谦》记载：

> 天道亏盈而益谦，地道变盈而流谦，鬼神
> 害盈而福谦，人道恶盈而好谦。谦，尊而光，
> 卑而不可逾，君子之终也。

意思是说上天的运行规律是减少盈满的而补益谦虚的，大地的运行规律是改变盈满的而补充谦虚的，鬼神的行事原则是损害盈满的而赐福谦虚的，人道也是讨厌盈满而喜好谦虚的。有了谦虚的品德，处于高位会更加繁荣昌盛；处于低位，别人也无法在品质方面超越他，所以君子应该终身谦虚。后来有学者给它总结成"一谦而四益"，即一个人一旦做到处处谦虚，天、地、鬼神、人都会赐福于他。

第六十二章　万物之奥

道者万物之奥^①，善人之宝，不善人之所保^②。美言可以市^③，尊行可以加人^④。人之不善，何弃之有！故立天子，置三公^⑤，虽有拱璧^⑥以先驷马^⑦，不如坐进^⑧此道。古之所以贵此道者何？不曰以求得，有罪以免邪？故为天下贵。

【注释】

①奥：主宰。

②所保：借以安身的东西。保，保持。

③市：买卖，此处指买，得到。

④加人：见重于人。

⑤三公：太师、太傅、太保。

⑥拱璧：双手捧着玉璧。

⑦驷马：四匹马拉的车。

⑧坐进：跪而进言。

【译文】

道是万物的主宰，是善人的法宝，也是恶人借以安身的东西。有美言就可以换来别人的尊重，有美行就可以见重于人。有人即使做了恶事，又何必抛弃道呢？所以在天子即位和三公就职时，即使双手捧着玉璧在先，驷马载车的重礼随后，也不如跪着把大道献给他。自古以来，人们重视道的原因是什么呢？不就是为了依靠它有求以得、有罪而免吗？所以，道被天下人重视。

【解析】

本章老子还是强调，人们一定要遵循规律行事，这样就会得到天下人的拥护和爱戴。即使是恶人做了坏事，道德高尚的人也会用道去规劝他，使其改恶从善，而且即使是善人也应常常从恶人身上吸取教训，即"不善人者，善人之资"。因此，根本没有必要抛弃恶人。所以说，道是人们安身立命，甚至带来吉祥的东西。

关于"虽有拱璧以先驷马"的解释，这是古人献奉的礼仪。古人送礼，往往有先行轻礼而重礼随后的习惯，"驷马"是比喻用车装载大量礼物。但是，在老子看来，搞这些形式，只是表面风光的事，就如同现在反对的形式主义，还"不如坐进此道"，意思是说送给当权者再贵重的礼物，也不如把道奉献给他们，给君主讲讲治国崇德的道理，君主本人不仅因修身进德而获益，还能用其治国使天下太平。这里的"坐进"，不要误解为"跪着进献"，其实，周代没有现在人坐的椅子，当时人都是席地而坐，所以"坐着"就是"跪着"。

关于"不如坐进此道"，可以看看《封神演义》中的记载：纣王、妲己共同害死了姜王后，为了斩草除根，骗召天下诸侯来都城朝歌，将周文王囚禁在羑里。临来前周文王已演八卦，算定他有七年之灾，但灾满可安然回国，他千叮万嘱，不要国内任何人前去探问。结果，周文王大儿子伯邑考有违父言，不遵天道，勉强作为，违命要去朝歌探父，并带了三件稀世珍宝（七香车、醒酒毡、白面猿猴），准备进献给纣王。进贡前，伯邑考先觐见了皇叔比干，比干是殷商第一忠臣，遂即规劝伯邑考说纣王现在正宠信妖后妲己，制肉林酒池，奢靡极欲，造炮烙，戕害忠良，荒淫暴虐。此三件宝物均是淫巧玩物，进献给纣王，更会助长他的荒淫无度，致国事愈发废弛，不如正面规劝纣王，使其改弦更张，重修国政。伯邑考却听不进良言，一意孤行，执意将三件宝物进献纣王、妲己，以求释放其父周文王。谁料，那白面猿猴乃兽中精灵，如孙悟空有火眼金睛一般，识破妲己是千年狐妖所变，劈面来抓妲己，被纣王一拳打跌在地。而伯邑考也被诬为图谋"行刺大王"，落得个被烹杀的结局。

第六十三章　为大于细

为无为，事无事，味无味，大小多少^①，报怨以德。图^②难于其易，为大于其细^③。天下难事必作于易，天下大事必作于细，是以圣人终不为大，故能成其大。夫轻诺必寡信^④，多易^⑤必多难，是以圣人犹难之^⑥。故终无难矣。

【注释】

①大小多少：以小为大，以少为多。

②图：设法对付。

③细：小。

④轻诺必寡信：轻易承诺必然很少守信。诺，许诺。
　寡信，缺乏信用。

⑤易：此处指把事情看得容易。

⑥难之：难，用作动词，当成难事。之，指办事情。

【译文】

把无为当作自己要干的，把无事当作自己要做的，把无味当作有味，以小为大，以少为多，以德报怨。对付困难，要在它还容易解决的时候开始；实现大业，要从很小的事情做起。因为天下的难事，都开始于容易的事；天下的大事，都开始于一些小事。因此，圣人始终不做大事，所以才能成就大事。轻易许诺，势必很少守信；把事情看得越容易，就会遇到更多的困难。因此，圣人把每件事情都当成难事去着手，所以他最终不会遇到困难。

【解析】

关于"为无为，事无事"的问题。老子的"为无为"的意思是指不要违反自然地去作为，"事无事"也并不是完全不做事。在本书的第五十章中，我们阐述了养生问题，讲道与其用铁皮石斛等名贵中药材去健脾养胃，不如经常主动训练腹式呼吸和按摩足三里穴。因为现在中草药因种植等缘故，药效不如古时，还可能存在炮制、贮存、加工过程中重金属污染的问题，也不能排除个别不法商贩故意添加工业原料等诸多问题。因此，长期靠进服中草药来养生，不能说没有风险或副作用。而本书推荐的依靠自身修炼的健身办法，却没有任何副作用，只要持之以恒，定能收到意想不到的养生功效。这也契合本章中"事无事"的解释。

在前几章中，我们已经分析过，孔子并不同意老子关于"以德报怨"的说法，认为如果用德去报答怨恨的话，似乎对德高之人是一种亏待。孔子主张"以直报怨"，"直"是指原则、准则，如果一个人做了坏事，要按仁义标准去衡量他，按原则礼法去惩治他。而老子却认为"以德报怨"既利己又利人，"不善之人"用德去感化他，让他转变成"善人"，彼此皆大欢喜。特别对于现今社会，我们提倡人类终究是大自然的一部分，保护野生动物就是保护人类自己等理念，这与老子的这种"泛爱万物"的思想不谋而合。

关于"夫轻诺必寡信"的问题。圣人在承诺别人的请求时，必须考虑两种情况：一是对方的请求是否合理，也就是古人强调的"非礼勿行"，不符合法律、道德、公序良俗的请求就不能答应；二是还要考虑自己的承受能力，如果超出自己的实际能力，也不可答应，否则勉强作为，必招祸患。所以圣人不会轻易答应别人的请求。而小人就完全相反，小人为了讨好别人，无论别人的请求是否合理，也不管自己能否做到，统统答应再说，结果多会失掉诺言；或者他会铤而走险，不惜违法乱纪来讨好你，其最终目的还是想从你这里得到他个人的私利。

关于"多易必多难"的命题。"易"与"难"是相对的，存在辩证关系。《国语·晋语四》有记载：

> 文公问于郭偃曰："始也，吾以治国为易，今也难。"对曰："君以为易，其难也将至矣。君以为难，其易也将至焉。"

晋文公对郭偃说："开始的时候，我以为治理国家很容易，现在才知道是很困难的。"郭偃回答说："您以为容易的时候那么困难就来了，您以为很难的时候那么容易也就出现了。"这段对话很好地阐述了"易"与"难"的辩证关系。当你意识到办事困难，从而认真对待时，就分成阶段去实施，困难的事情也容易解决。当你认为此事容易，从而掉以轻心时，容易的事情也会变得困难了。

第六十四章　慎终如始

其安易持①，其未兆②易谋，其脆易泮③，其微易散。为之于未有④，治之于未乱。合抱之木，生于毫末⑤；九层之台，起于累⑥土；千里之行，始于足下。为⑦者败之，执⑧者失之。是以圣人无为，故无败；无执，故无失。民之从事，常于几⑨成而败之。慎终如始，则无败事。是以圣人欲不欲⑩，不贵难得之货。学不学，复众人之所过⑪。以辅万物之自然，而不敢为。

【注释】

①持：保持。

②兆：苗头，征兆。

③泮：散，解。

④为之于未有：在事情还没发生时就做准备。为，用作动词，做准备。未有，没有动乱苗头。

⑤毫末：细小的萌芽。

⑥累：装土的筐子。

⑦为：此处指主观任意作为。

⑧执：引申为占为己有。

⑨几：将要。

⑩欲不欲：圣人想得到的是一般人不想得到的。第一个"欲"指希望。第二个"欲"指奇珍异宝。

⑪复众人之所过：纠正众人的过错。复，反，引申为纠正。过，过错。

【译文】

事情稳定时，容易保持原状；事情还没有出现苗头时，容易对付；事物脆弱时，容易消灭掉；事物微小时，容易消散。在事情还没有发生的时候就做准备，在国家还没有动乱时就注意治理。合抱的大树，是由细小的萌芽长成的；九层的高台，是从第一筐土筑起的；千里的路程，是从脚下第一步开始的。谁不遵循以上规律，按照个人意愿去作为，谁就会失败；谁想占为己有，谁就会失去它。所以圣人清静无为，因而不会失败；不去占有，因而也不会失去。人们做事，往往在快要成功的时候失败了。如果快结束时仍然像开始时那样慎重，就不会把事情办坏。因此，圣人想得到的东西，是一般人不想得到的，不重视一般人所喜爱的奇珍异宝。圣人学习的东西，是一般人不愿学习的，并以此来纠正众人的过错。圣人按照万物的自然本性去帮助它们成功，而不敢按照个人意愿勉强作为。

【解析】

老子认为，任何事物都是由小到大长成的，人们只能遵循这一自然规律，对坏事在没有苗头或刚有苗头时，就及早地消灭它，不能任由其发展、壮大；对好事要顺其本性帮助其成功，但切忌揠苗助长。如果违背自然，勉强去作为，势必遭到失败。

"合抱之木，生于毫末；九层之台，起于累土；千里之行，始于足下"是本章精彩之句，其声律铿锵，朗朗上口又易于诵读，颇具有"声出金石"之效果，千百年来被人们口口传诵。因它脍炙人口，意义深刻，常被人们当成座右铭、临别赠言或励志箴言。关于此段文字的诠释，荀子在《劝学》篇中有比较类似的记载：

积土成山，风雨兴焉；积水成渊，蛟龙生

焉；积善成德，而神明自得，圣心备
焉。故不积跬步，无以至千里；不积小流，无以成江海。

此段话所表达的意思与本章老子所述极其相似，而老子的表述更有韵律，都是不可多得的优秀文章。

关于"欲不欲"和"学不学"的问题。为什么圣人想得到道的修养，而人们恰恰不愿去获得；圣人努力学习道，而人们反而不愿闻道呢？《礼记·中庸》中有一段话可以解释清楚：

故君子之道闇然而日章，小人之道的然而日亡。君子之道淡而不厌，简而文，温而理，知远之近，知风之自，知微之显，可与入德矣。

意思是说：君子的道低调却日益彰显，小人的道鲜明却日益消亡。君子之道暗淡而不使人生厌，简约但文采熠熠，温和但有条理，知道远是由近开始的，知道风从何处刮来，知道由微小到明显，这样可以和君子一起进入德的境界了。因为"道之出口，淡乎其无味，视之不足见，听之不足闻"，所以，世俗之人不愿去追寻淡而简的道，但圣人为了提高自身修养而勤于行道，道又是可以成就伟大理想，"用之不足既"的。

孔子生来也并非圣人，由于他秉持"慎终如始"的精神，孜孜不倦地追求学问和道理，而成为一代圣人、万世师表，后世对他"高山仰止"，这绝非偶然。他年轻时曾向师襄子学琴。师襄子教了孔子一首曲子后，他就每日弹奏，丝毫没有厌倦的情绪，手法从生疏至熟练。过了十天，师襄子对孔子说："这首曲子你已经学会了，咱们学一首新曲子吧！"但孔子站起来，恭恭敬敬地说："我虽然学会了曲谱，可是还没有学会弹奏的技巧啊！"又过了几天，师襄子认为孔子的手法已经很熟练了，乐曲也弹奏得更加和谐悦耳了，就说："你已经掌握弹奏技巧了，可以学一首新曲子了。"可孔子仍然说："我虽然掌握了弹奏技巧，可是还没有领会这首曲子的思想情感。"又过了几天，师襄子来到孔子家里，听他弹琴，被他精妙的弹奏迷住了。一曲终了，师襄子长长吁了一口气说："你已经领会了这首曲子的思想感情，可以再学新曲子了吧？"孔子还是说："我虽然弹得有点像样子了，可我还没有体会出作曲者是一位怎样的人呀。"又过了一阵子，孔子请师襄子来听琴。一曲听罢，师襄子感慨地问："你已经知道作曲者是谁了吧？"孔子兴奋地说："是的！此人身躯魁梧，脸庞黝黑，目光深邃，胸怀天下。他不是周文王，还能是谁呢？"师襄子既惊讶又敬佩，称赞孔子百学不厌、持之以恒的精神。

关于"慎终如始，则无败事"的解释，荀子的《劝学》篇中有一段记载：

> 蚓无爪牙之利，筋骨之强，上食埃土，下饮黄泉，用心一也；蟹六跪而二螯，非蛇鳝之穴无可寄托者，用心躁也。是故无冥冥之志者，无昭昭之明；无惛惛之事者，无赫赫之功。……故君子结于一也。

意思是说：蚯蚓没有锐利的爪子和牙齿，没有强健的筋骨，却能向上吃到泥土，向下可以喝到甘泉水，这是由于它用心专一、锲而不舍。螃蟹有六条腿和两个大蟹钳，但是如果没有蛇、鳝的洞穴，它就无处安身，这是因为它用心浮躁啊。所以没有专心致志的精神，就不会有显著的成就；没有埋头苦干的行动，就不会有显赫的功绩。……所以君子的意志要坚定如一！为什么世界上所谓成大业者寥寥无几，中国古代也仅出了"两个半"圣人。大多数人碌碌无为一生，毛病就出在不能"慎终如始"，而容易半途而废上。以上是慎终如始的深层含义。

因此，把"慎终如始"用到人们健身上，正恰如其分。因为，人的锻炼成效是不能储存，没有一劳永逸的，必须持之以恒，必须做到"慎终如始"。如果我们规律的健身计划突然中断 14 天以上，身体的肌肉就开始流失，心肺功能开始下降，人体的免疫力也会跟着降低，抗击细菌和病毒的能力就会减弱，疾病就会向你招手了。我们要向孔子学习，持之以恒地做事，坚持规律的锻炼不停歇。

第六十五章　善为道者

古之善为道者，非以明民^①，将以愚之。民之难治，以其智多。故以智治国，国之贼^②；不以智治国，国之福。知此两者^③，亦稽式^④。常知稽式，是谓玄德。玄德深矣，远矣，与物^⑤反矣，然后乃至大顺^⑥。

【注释】

①明民：使百姓聪明。明，用作动词。

②贼：灾难。

③两者：指"以智治国"和"不以智治国"。

④稽式：法则，标准。

⑤物：此处指一般的事理。

⑥大顺：非常顺利。

【译文】

古代那些善于按照规律办事的人，并不是用它使百姓聪明起来，而是用它使百姓变得憨厚。百姓难以治理，原因在于他们的智巧太多。所以说用智巧治国，是国家的灾难；不用智巧治国，是国家的福气。要懂得以上两条是治国的原则。永远掌握着这些原则，就可以说是具有崇高的品质。崇高的品质高远深邃，好像与一般事理相反。然而具有这样的品质之后，办起事来会十分顺利。

【解析】

治理国家，应该提倡"依法治国"与"以德治国"紧密结合。法治与德治，从来都是相辅相成的、相互促进的，两者缺一不可，不能偏废其一。反观古代秦朝的法律制度，自商鞅变法以来，秦统治者不断把法家理论运用到国家的法制建设中，实行轻罪重罚、严刑峻法，把法家的理论主张推向了极端，用横征暴敛的方法，维持国运和战争，完全抛弃了德治。这样可能在短期内激励将士战场立功，对统一六国起到促进作用。然而，抛弃了以德治国的副作用，马上就显现了出来。用武力征服天下，勉强可以，但用武力去治理天下，就大错特错了，秦王朝就犯了这个致命的错误。正如俗语所说"马上打天下，不可马上治天下"，夺取全国统一后，应主要采用怀柔的德治政策，才可稳定天下局势，才能长治久安。而秦朝继续采取"依法为本，严刑峻法""法自君出，君主独断"的极端方针，终于激起农民的反抗，不可一世的秦王朝，只存在了短短的十几年，即告灰飞烟灭了，教训不谓不深刻。另外一方面，大家都有共识，治国绝对离不开法律，这点毋庸置疑，建立法治国家，也是我们追求的目标。然而，我们也要充分认识到，法律不是万能的，它是有"局限性"和"滞后性"的。法律作为上层建筑，是不能违背社会发展的客观规律的；其次，法自身属性决定了，它并不适合调节社会上每一种社会关系，也就是说，有法律管不了的事，必须要用其他方法去调整，如德治等。秦王朝法条事无巨细、面面俱到，反而激起民变就是一个例证，以上就说明了法律的"局限性"。法律的制定是需要时间的，但社会发展是一刻也不能停歇的，因此，经常会出现现存法律不适应现实社会出现的新情况的局面。例如，当今社会泛滥的电信诈骗，诈骗花样不断翻新，每一次总是有不少人在很拙劣的骗术面前，屡屡上当受骗，甚至有些人上当了还执迷不悟。几十年前，人们都无法辨识电信虚假信息，法律上也没有相关内容，最早对这种诈骗方式也就无从防范，法律更无从处罚。以上情况都说明了，法律存在一定的"滞后性"。所以，老子说"以智治国，国之贼；不以智治国，国之福"。意思就是说，不要全靠法条去治国，要强调德治的巨大作用。

关于"非以明民，将以愚之"，许多人把老子这个观点认定为"愚民政策"。事实并非如此。老子的本意是提倡人们思想纯粹、少私寡欲、返璞归真，去除那些世俗的知识。有学者认为，现在市面上有些所谓的知识其实是教人如何用不正当手段去获取利益的，甚至是尔虞我诈的伎俩。所以，老子倡导正本清源，不以"智"治国。

关于"玄德深矣，远矣，与物反矣"的解释。老子认为，那些懂得规律的高尚之士，是难以被一般人理解的。之所以难以被理解，是因为这些高尚之人的做法，往往与一般人相反，他们不争名，不夺利，如大树将军冯异。他们想的、学的、做的都与一般人不一样，如他们主张君主不要以"智"治国，从表面上看，这好像违背了事理，害了人们，而实际上却对老百姓非常有利。

第六十六章　百谷王者

江海所以能为百谷①王者，以其善下之②，故能为百谷王。是以欲上民③，必以言下之；欲先民④，必以身后之。是以圣人处上而民不重，处前而民不害⑤，是以天下乐推⑥而不厌。以其不争，故天下莫能与之争。

【注释】

①谷：川，小河流。

②下之：居于小河之下游。

③上民：处于民上，指统治人民。

④先民：处于民前，指领导人民。

⑤害：感到妨害。

⑥推：推举，拥戴。

【译文】

江海之所以能够成为百川的首领，原因在于它善于处于百川的下游，所以才能成为百川的首领。因此想要统治百姓，必须用言语对百姓表示谦下；想要领导百姓，必须把自己置于百姓之后。所以圣人居百姓之上而百姓并不感到沉重，处百姓之先而百姓并不感到妨害。因此，天下人都乐于拥戴他而不感到厌恶。因为圣人不争，所以天下也没有人能够与他相争。

【解析】

周文王，姓姬，名昌，亦称伯昌。他作为周朝奠基者，在位期间，克明德，慎刑罚，勤于政务，重视农业生产，礼贤下士，广罗人才。他尤其重视听取民意，善于对百姓谦下，经常微服深入民间，倾听民之呼声，参与田间劳作，了解百姓疾苦。还派人收集民间歌谣，整理后演唱给自己听，作为施政参考。《封神演义》记载，一日，文王想在西岐建造一座灵台，预测国运灾祥之兆，但又怕劳民伤财，惹民怨，故迟迟不敢动工。不料，此事被西岐民众获悉，大家都欢欣鼓舞，认为文王恩德如天，莫可图报。他们日出而嬉游，日落而归宿，坐享太平之福，都是文王赐给的。今文王欲造灵台，预兆大周国运，造台时还要筹划给百姓工钱，还因怕扰民而踌躇不决。于是军民无不欢悦，情愿出力造台，不久灵台即造讫。周文王真正做到了"圣人处上而民不重，处前而民不害"，而周王朝也是中国古代最长久的朝代，绵延了近八百年之久。反观商纣王，宠信妖后妲己，整日沉湎女色，听信谗言，致朝纲废弛。为满足纣王一人享乐而起造的鹿台，致民怨四起。台上不知道搜刮了多少民脂民膏，陷害、累死了多少无辜之人，"真是以天下奉一人，须信独夫残万姓"。结果惹得人神共愤，不久周武王吊民伐罪，攻入商朝都城朝歌，纣王自知罪孽深重，自焚于鹿台之上。

第六十七章　持保三宝

　　天下皆谓我道大①，似不肖②。夫唯大，故似不肖。若肖，久矣其细③也夫。我有三宝④，持而保⑤之。一曰慈⑥，二曰俭⑦，三曰不敢为天下先。慈，故能勇；俭，故能广⑧；不敢为天下先，故能成器长⑨。今舍慈且勇，舍俭且广，舍后且先，死矣！夫慈，以战则胜，以守则固⑩。天将救之，以慈卫之。

【注释】

①大：含有大而不当、高深而迂阔的意思。

②肖：相似。

③细：小。

④三宝：法宝，实际上指道。

⑤保：保持。

⑥慈：柔慈。

⑦俭：俭音，引申为清静节俭。

⑧广：指扩大展开，成就事业。

⑨器长：万物的统领。

⑩夫慈，以战则胜，以守则固：凭借柔慈作战就能胜利，守卫就能坚固。

【译文】

天下人都认为我讲的道太大了，似乎什么都不像。正因为它太大，所以什么都不像。如果像个什么具体东西，它早就变得微不足道了。我有三件法宝，我要牢牢地掌握并坚守着它们：一是柔慈，二是清静节俭，三是不敢居于天下人之先。保持柔慈，所以才能勇敢、果断；保持清静节俭，所以才能拓展功业、成就万物；不敢居于天下人之先，所以才能成为万物的统领。现在如果舍去柔慈，而只求勇猛；舍去清静节俭，而只求无所不为；舍去退让，而只求争先夺功，结果只有死路一条。保持柔慈，凭它作战就能胜利，凭它守卫就能坚固。天想挽救一个人，保护这个人的办法就是让他处于柔慈的状态。

【解析】

老子所列三宝："慈""俭""不敢为天下先"，均为道的内容，只要坚持履行它们，必能成就大事。本章所说的"俭"，是清静节俭的意思，无论是对于一个家庭，还是对一个国家来说，即使当时再富有，也应保持勤俭，否则，必然会由盛转衰、由富变穷。唐玄宗李隆基是唐高宗李治之孙，生性英明果断、多才多艺。他在政治上颇有作为，勤于政事，励精图治，开创了唐朝的极盛之世——开元盛世。但是他到执政后期，逐渐怠慢朝政、宠信奸佞，尤其是厚宠杨贵妃，达到"后宫佳丽三千人，三千宠爱在一身"的地步；疯狂至"一骑红尘妃子笑，无人知是荔枝来"的程度。国运衰败都是从他求虚荣、贪奢华开始的，加上政策失误，重用安禄山，结果导致了后来长达八年之久的安史之乱。唐王朝从此一蹶不振，直到灭亡也没能再恢复元气。而他自己也因为战乱，仓皇出逃，到马嵬坡时随行将士发生了哗变，逼杀奸相杨国忠，迫其缢死杨贵妃，从此唐玄宗心情也受到极大挫伤。在回长安的路上，他作《雨霖铃》曲，以寄愁怨，不久，在四顾凄凉中郁郁而终。但是，由他导致的安史之乱给广大老百姓带来的苦痛是难以言状的。清代大诗人袁枚在《马嵬》诗中写道："莫唱当年《长恨歌》，人间亦自有银河。石壕村里夫妻别，泪比长生殿上多。"因动乱引起民间的生离死别，比唐明皇在长生殿中与杨贵妃缠绵悱恻的爱情，更令人同情许多！后世也评价唐玄宗"过大于功"。

关于"不敢为天下先"，不少人主张"敢为天下先"，而老子提倡"不敢为天下先"，后者也有其自身道理。我们不妨回顾一下历史上改朝换代的情况，就会发现，第一位起兵的大都没有成功，而成功者大都是随后起兵的人。如秦末首先起兵的陈胜、吴广就是最典型的例子，最终得天下的是随后起义的刘邦，这是"不敢为天下先"的第一层意思。其次，"不敢为天下先"的本意，还是老子强调的做一切事要顺规律而为，不可勉强作为、先人而为。理解了这层意思，再回过头来分析陈胜、吴广起义的事，陈胜、吴广等人当时是在秦朝严苛的法令逼迫下，揭竿而起的，这本身不仅没错，而且对历史的进程有重大的推动作用，后刘邦曾追念其首功。但起义后，陈胜等人就忘乎所以了，先是大肆排除异己，苛待属吏，滥杀无辜，最后闹得众叛亲离，民心尽失。并且急功近利，表现为"敢为天下先"，自封为王，号"张楚"，这个举措就当时的天下形势来说，对自己是极不利的。称王必然会成为众矢之的，秦军要扑灭你，起义的诸侯要忌害你，真叫"枪打出头鸟""出头的椽子先烂"，也就是时机不到，勉强作为。如果他们能等待时机，韬光养晦，举义旗，礼贤下士，聚天下豪杰于麾下，缓称王，少树敌，顺势作为，能否取得最后成功，也未可知。真所谓"江东子弟多才俊，卷土重来未可知"了。

如何理解"慈，故能勇"这句话，民间曾流传这样一句话："女本柔弱，为母则刚。"这是"慈，故能勇"最好的诠释。女性特有的生理结构，决定了她柔慈的本性，但当她有了孩子以后，因为最伟大的母爱，常常会发挥出令人难以想象的意志力。正如一只老母鸡，平时很怕人，很胆小，但当它领着一群小鸡时，会变得异常勇猛，如果不小心碰到它的孩子，它会奋不顾身地扑向你。

第六十八章　不争之德

善为士①者不武，善战者不怒②，善胜敌者不与③，善用人者为之下④。是谓不争之德，是谓用人之力，是谓配天古之极⑤。

【注释】

①士：古代文人、武士皆称士，这里指统帅、执政者。

②怒：激怒。

③与：对付，这里指直接与敌人作战。

④为之下：处于人之下，指谦下。

⑤配天古之极：符合天道，是自古以来的最高准则。配，符合。极，准则，原则。

【注释】

善于当统帅的不依赖武力，善于作战的不容易激怒，善于胜敌的不用直接和敌人作战，善于用人的先对人表示谦下。这就是不与人争夺的品德，这就是善于利用别人力量的能力，这就符合天的运行规律，是自古以来的最高准则。

【解析】

关于"善为士者不武"的解释，可参见《论语·为政》篇中的记载："子曰：'道之以政，齐之以刑，民免而无耻。道之以德，齐之以礼，有耻且格。'"孔子说："用政令来治理天下，用刑罚来制约百姓，百姓可暂时免于罪过，但不会有廉耻之心。如果用道德来统治天下，用礼教来约束百姓，百姓不但有廉耻之心，而且会主动纠正自己的错误。"这就涉及古代礼制与法制区别的问题。孔子认为，刑罚只能避免人们犯罪，并不能让他们生出犯罪可耻的心理；但是，若用道德诱导人们向善，用礼制去统一人们的言行，百姓不仅会有羞耻之心，还能恪守正道，民心归服。实际上，孔子认为的刑，也就是本章老子认为的武的范畴，所谓"善为士者不武"，是说君子或君主为人处事，治国理政，还是尽量避免用武的办法，多用德的办法，这样更有利于问题根本解决，也就是现在常说的案结事了。

为了更好地理解"武"字的深层含义，我们再回顾一下书法和中华文化的问题。"武"字，《说文解字》中解释为"止戈为武"，"止"为停止，"戈"是指武器，所以"武"不是指一味地征战，而是含"停止兵戈，停止争斗"之意。这种解释与中华民族总是消弭战争、爱好和平的伟大精神相契合，中华民族绵延五千年，是唯一延续的文明古国，被称为礼仪之邦，不主张对外扩张，从不称霸。反之，如果我们的民族好战、爱侵略，也不会有现在如此辉煌而持久的文明。书法又是中华文化的象征，在书写"武"字时，就有充分的体现。唐代书法家孙过庭在其《书谱》中曾说过"一点成一字之规，一字乃终篇之准"，这是说"书写起笔的第一点为全字的规范，一篇的第一个字是全篇的准则"。但是，研究书法的人都懂得，每个字的最后一笔更加重要，因为它有所谓楔子的作用，它是成就此字或此篇作品审美的最后机会，如不好好把握，会使整篇作品留下不可挽回的遗憾。我们知道，"武"字的最后一笔是个"点"，王羲之是古代伟大的书圣，他在处理"武"字的最后一点时，采用的是"内掖"笔法，向里钩状去写，点在字的右上角处，而不是采用"外拓"的笔法，向外放射。为什么要这样处理呢？所谓字如其人，这样处理表达了王羲之对"武"的理解，也是对爱好和平之中华民族精神的诠释。"武"不是代表一味地向外冲杀、奔张，而是代表含蓄、内敛，总是希望止戈休战。因为书法代表着中华文化，书法的主色调是文和雅，中华文化的本质也是求同存异、和睦相处、包容大度，概括起来也即文和雅。除此之外，书法还讲究"穿插、揖让"和"顾盼、照应"，代表谦让的美德；"竖画"往往写得较粗，代表中国人做人要"顶天立地"，等等。这些书写规则，无不浸润着中华文化的元素。

关于"善战者不怒"的问题。《三国演义》第一百回记载：

> 魏军一个个皆被缚了，送到中军。孔明坐于帐中，左右将张虎、戴陵、乐綝并九十个军，皆缚在帐下。孔明笑曰："吾纵然捉得汝等，何足为奇！吾放汝等回见司马懿，教他再读兵书，重观战策，那时来决雌雄，未为迟也。汝等性命既饶，当留下军器战马。"遂将众人衣服脱了，以墨涂面，步行出阵。司马懿见之大怒，

回顾诸将曰："如此挫败锐气，有何面目回见中原大臣耶！"即指挥三军，奋死掠阵。懿自拔剑在手，引百余骁将，催督冲杀。两军恰才相会，忽然阵后鼓角齐鸣，喊声大震，一彪军从西南上杀来，乃关兴也。懿分后军当之，复催军向前厮杀。忽然魏兵大乱：原来姜维引一彪军悄地杀来。蜀兵三路夹攻。懿大惊，急忙退军。蜀兵周围杀到，懿引三军望南死命冲出。魏兵十伤六七。

此回讲的是"武侯斗阵辱仲达"，作为三军统帅，战场上最忌被敌军激怒而不知是计。司马懿（字仲达）还算是智勇双全的将军，尚不能做到"善战者不怒"，受到羞辱便率军冲杀，正中孔明激将之计，险些导致全军覆没。

关于"善胜敌者不与"。《孙子兵法·谋攻篇》记载了一段话：

> 是故百战百胜，非善之善者也；不战而屈人之兵，善之善者也。故上兵伐谋，其次伐交，其次伐兵，其下攻城。

在战场上百战百胜，也不是最好的。最上乘的是"不战而屈人之兵"，通过外交等手段能解除战争威胁，实现和平，才是最高明的。

第六十九章　哀者胜矣

用兵有言，吾不敢为主而为客①，不敢进寸而退尺。是谓行无行②，攘无臂③，扔④无敌，执无兵。祸莫大于轻敌⑤，轻敌几丧吾宝⑥。故抗兵相加⑦，哀者胜矣⑧。

【注释】

①不敢为主而为客：不敢进攻，而被动防守。主，主动进攻别人。客，被动地防守。

②行无行：此处指不轻易动用军队。第一个"行"用作动词，指排列、行动。后一个"行"是名词，指军阵。

③攘无臂：不要卷起袖子与人争斗。攘，卷起袖子。

④扔：这里指攻敌。

⑤轻敌：轻易与人为敌。

⑥宝：指道。

⑦抗兵：指攻敌。

⑧哀者胜矣：心情悲哀的一方取胜。

【译文】

用兵的人常说："我不敢主动地进攻别人，而只是被动地防守；我不敢前进一寸，而宁可后退一尺。"这就是说，不要随便动用军队轻启战端，不要随意奋臂与人争斗，不要随便攻击敌人，不要随便使用兵器。最大的灾祸就是轻易与人为敌，轻易与人为敌基本上算是违背了规律。所以两军举兵对抗，多是心情悲愤而被迫自卫的一方获胜。

【解析】

"哀兵必胜"的成语就出自本章，它是指受压迫而悲愤地奋起反抗的军队，一定能胜利。老子主张，打仗时不要主动攻击别人，任何时候都不要挑衅对方，只在必要时进行自卫，这就是"吾不敢为主而为客"的意思。至于"轻敌几丧吾宝"，"宝"即道，道是清静无为的。而随便用兵，轻易与人为敌，却是多为的表现，是违背道的，这也体现了老子"为无为"的一贯思想。此处的"轻敌"不是"轻视敌人"，而是"轻易用兵"的意思。"哀者胜矣"就是指不愿作战或被迫作战的人才能取得战争的胜利。

关于"祸莫大于轻敌"的理解，可以看看二战期间，日本军队偷袭美国珍珠港的事件。二战初期，美国虽是反战同盟国，却始终处于中立地位。日本帝国主义为了和德国、意大利称霸世界，保证战争中石油的供应，决定对美国珍珠港军事基地发动空袭。因为位于太平洋夏威夷群岛上的珍珠港，是重要的交通枢纽，跨越太平洋南来北往的飞机都以夏威夷为中继站。日本认为，先在太平洋上夺取了制空、制海权，就意味着南下的道路畅通无阻，那就必须先摧毁珍珠港上的美军基地。1941 年 12 月 7 日凌晨，日本海、空军，突然偷袭了美国太平洋海空军基地——珍珠港。次日，美国总统罗斯福就发表了著名的演讲，随后又签署了对日本的正式宣战声明，太平洋战争由此爆发。从长期来看，偷袭珍珠港是日本一个彻底的错误决定。首先，这一行动迫使美国从一个中立国变成参战国；其次，当时美国的军事实力太强大，日本不可能打赢一场对美国的战争，这就决定了日本战败的历史命运，而且还使其失败大大地提前了，真是"祸莫大于轻敌"。

第七十章　被褐怀玉

吾言甚易知，甚易行，天下莫能知，莫能行。言有宗，事有君①。夫唯无知，是以不我知②。知我者希，则我者贵③，是以圣人被褐怀玉④。

【注释】

①言有宗，事有君：说话有主旨，行事有根据。宗，主旨。君，主，引申为根本。

②不我知："不知我"，不理解我。知，理解。

③则我者贵：能效法我的人更难得。则，效法。贵，可贵，引申为难得、稀少。

④被褐怀玉：身穿粗布衣而内怀美玉。褐，古代穷人穿的粗布衣，比喻贫贱的生活。玉，比喻美好

的才能。

【译文】

我的主张很容易理解，也很容易实行。然而天下竟没有人能理解，也没人能够实行。我提出的主张却是有主旨的，我要求做的事也是有根据的。由于人们太无知了，所以不能理解我。理解我的人太少了，能效法我的人更为难得。因此，圣人虽然怀着美好的才能，却过着贫贱的生活。

【解析】

通过本章内容，我们可以看出老子的一生是郁郁不得志的。"天下莫能知，莫能行"则吐露了自己不被重用，政治主张也不被当权者重视的苦闷心情。从《道德经》全篇还可以看出，老子在理论上可以对一切都淡泊处之，但一回到现实，对自己所处的境况就愤愤不平了。"居庙堂之高，则忧其民；处江湖之远，则忧其君"，老子亦怀有和范仲淹一样的忧国忧民的高尚情怀。本章也可以看作是一篇悲情诗，大有"念天地之悠悠，独怆然而涕下"的心境。

关于"是以圣人被褐怀玉"。《礼记·中庸》中有一段记载："子曰：'回之为人也，择乎中庸，得一善，则拳拳服膺而弗失之矣。'"意思是，孔子说："颜回就是这样一个人，选择了中庸之道，每听到一条有益的道理，就牢记在心，永远不会忘记。"颜回 13 岁时拜孔子为师。孔子共有三千多弟子，七十二贤人，而颜回位列七十二贤之首，是孔子最得意的门生。《论语·雍也》说他"一箪食，一瓢饮，在陋巷，人不堪其忧，回也不改其乐"。像颜回这样的贤人，正是本章中老子所称赞的人，他终身不改修道崇德的志向，住在陋室，吃着粗茶淡饭，始终不忘追求真理，并有以此为乐的精神，如"被褐怀玉"。因此，孔子也对颜回称赞最多，说他是"仁人"。

关于"吾言甚易知，甚易行，天下莫能知，莫能行"，涉及"知行合一"的命题。且看明代大儒王阳明是如何论述"知行合一"的。王阳明说"未有知而不行者，知而不行只是未知"。意思是说"没有知道而不去做的人，知道而不去做，那是因为不是真正知道"。也就是说，知道一定的道理却不采取行动的人，并不算真正了解道理的人。譬如，决定修德行道的人，首先，应立下志愿；其次，应真正去领悟道的含义，要有"孔子学琴"的刻苦精神；最后，还要"勤而行之"。所谓学习了不去行动，不去实践，还是没有真正理解道的内涵。明代大学问家张溥有非常独特的闻道并实践的方法，那就是采用多次抄写经典、多次阅读、多次焚烧的办法，加深对经典的熟读、理解。这种方法叫"七焚法"。张溥的"七焚法"分三步：第一步，每读一篇文章，就工工整整地将它抄在纸上，一边抄，一边在心里默读；第二步，抄完之后，高声朗读一遍；第三步，朗读之后，将抄写的文章立即投进炉里烧掉，烧完之后，再重新抄写，再朗读，再烧掉。如此反复进行七次，直至把经典内容彻底理解，烂熟于心，再认真地付诸行动。当今社会，人们往往看重"知识就是力量"，却忽略了自己的行动，实际上，只要开始行动，事情就算成功了一半。成功不在难易，而在于"谁真正去做了"，才是真正的"知行合一"。

正如本书各章中，已经给大家阐述了许多健康知识，大多数的知识浅显易懂，很多人早知晓，但很少去实践、坚持。谁不知道吸烟、喝酒危害健康，可是现在青少年吸烟、喝酒的越来越多。从 1989 年开始，"世界无烟日"改为每年的 5 月 31 日，因为第二天就是"国际儿童节"，希望下一代免受烟草危害。我国作为世界上最大的烟草受害国，人们并没有充分地认识到吸烟和二手烟问题严重危害健康，所以对青少年吸烟问题重视程度不够。出现这种情况，我们不得不反思，其中有家庭引导责任、学校教育责任、社会监督责任等。所以，对正确的健康知识，应学会"持而保之"，既不要"莫能知"，也不要"莫能行"。

第七十一章　知不知上

知不知①，上；不知知②，病。夫唯病病③，是以不病。圣人不病，以其病病，是以不病。

【注释】

①知不知：知道自己还有很多事情不知道。知，知道。不知，指不知道的事情。

②不知知：不知道却自以为知道。第一个"知"仍然是动词"知道"。第二个"知"指本身不知道的事情偏说知道，指不懂装懂。

③病病：第一个"病"是动词，"看成"或"当作"。第二个"病"是名词"毛病"。

【译文】

懂得自己还有许多事情不知道，最好；不懂得，而装出懂得的样子，这是毛病。如果把这种毛病当作毛病，就不会有毛病。圣人是没有这种毛病的，就是因为他们把这种毛病当作毛病，所以才没有毛病。

【解析】

《论语·为政》篇记载："子曰：'由！诲女知之乎！知之为知之，不知为不知，是知也。'"由是孔子的学生，名由，字子路。孔子在这里是说："子路啊，教给你的道理都明白没有？知道就是知道，不知道就是不知道，这样才算真正的智慧。"这段话可以帮助我们理解老子的"知不知，上；不知知，病"的含义。后世多用此话来告诫人们应该用老实的态度去对待知识，来不得半点虚假，要养成踏实认真的学习态度，实事求是的作风，避免求虚荣，不懂装懂。"圣人不病，以其病病，是以不病"是说，圣人把这种毛病当作一种大毛病来重视，时刻提防它，戒备它，所以很少犯错误。而一般人认为这种毛病不是毛病，为了个人虚荣或为了迎合别人，不懂装懂，所以常常犯错。

第七十二章　自知自爱

民不畏威，则大威至。无狎^①其所居，无厌其所生^②。夫唯不厌，是以不厌。是以圣人自知，不自见^③；自爱，不自贵。故去彼取此。

【注释】

①狎：通"狭"，狭窄，逼迫。

②厌其所生：压榨百姓的生活。厌，压。所生，指衣食，引申为百姓的生活。

③见：同"现"，表现。

【译文】

由于百姓不害怕恐吓，于是统治者就把更大的恐吓政策施加在百姓的头上。不要逼迫百姓无处安居，不要压榨百姓无法生活。只有不压榨百姓，百姓才不厌恶统治者。因此，圣人有自知之明而不表现自我，有自爱之心却不抬高自我。因此，应该抛弃前者而采取后者。

【解析】

本章主要是抨击古代统治者的残暴，揭示了老百姓吃不饱、穿不暖的根本原因是统治者的错误行为。同时也明显可以看出老子对百姓的同情。《礼记·檀弓下》中记载：

> 孔子过泰山侧，有妇人哭于墓者而哀。夫子式而听之，使子路问之曰："子之哭也，壹似重有忧者。"而曰："然。昔者吾舅死于虎，吾夫又死焉，今吾子又死焉。"夫子曰："何为不去也？"曰："无苛政。"夫子曰："小子识之，苛政猛于虎也。"

孔子路过泰山，看见有个妇人在坟墓旁哭得很悲伤。孔子扶着车前的扶手听着，派子路问她说："你这样哭，真好像不止一次遭遇不幸了。"妇人说道："是啊！以前我公公死在老虎口中，我丈夫也死在老虎口中，现在我儿子又被老虎咬死了。"孔子问道："为什么不离开这里呢?"妇人回答道："因为这里没有残暴的政令。"孔子说道："子路你要记住啊，残暴的政令比老虎还要可怕!"从此留下"苛政猛于虎"的典故。本书的第五十二章曾描写了秦始皇一统天下后法令苛繁的情形，这是秦始皇个人的穷思极想，自以为英明无比，结果严重脱离了当时的实际，百姓又遭荼毒。而圣人处在统治者地位上，他们清静无为，有自知之明，从不乱施淫威，让老百姓自然地劳作和生活，百姓自然安居乐业。

第七十三章　天网恢恢

勇于敢①则杀，勇于不敢②则活。此两者，或利或害。天之所恶③，孰知其故④？是以圣人犹难之⑤。天之道，不争而善胜，不言而善应，不召而自来，繟然⑥而善谋。天网恢恢⑦，疏⑧而不失。

【注释】

①勇于敢：努力做到果敢刚强的人。勇，奋勇，努力。敢，果敢，刚强。

②不敢：指谦退，柔和。

③恶：讨厌。

④孰知其故：谁知道讨厌的原因是什么呢？孰，谁。故，原因。

⑤难之：以之为难，难以回答。

⑥绰然：缓慢。

⑦恢恢：广大的样子。

⑧疏：稀疏。

【译文】

努力做到果敢刚强的人就会死亡，努力做到谦退柔和的人就能生存。这两种努力，有的得益，有的受害。天讨厌一些东西，谁能知道它讨厌的原因是什么呢？因此连圣人也难以回答这个问题。天地运行的规律，是不争夺而善于取胜，不说话而善于应答，不召唤而自动到来，虽迟缓而善于谋划。天就像一张广大无边的网，网孔虽稀疏却从不遗漏任何东西。

【解析】

北宋司马光著的《资治通鉴》中有这样一段话：

臣光曰：智伯之亡也，才胜德也。夫才与德异，而世俗莫之能辨，通谓之贤，此其所以失人也。夫聪察强毅之谓才，正直中和之谓德。才者，德之资也；德者，才之帅也。

司马光说："晋国智瑶的灭亡，是因为才胜于德之故。才与德是两回事，而一般人常常把它们混为一谈，一概认为此人就是贤良之士，于是就看错人了。所谓才是指其人聪明、果敢、刚毅；所谓德是指其人处事公道、谦虚、平和。才，是德的辅助；德，是才的统帅。"司马光是北宋时期著名的政治家、史学家、文学家，他自幼机智过人，曾留下"司马光砸缸"的著名故事。他为学刻苦勤奋，为人温良谦恭，做事又刚正不阿。其所著《资治通鉴》是中国历史上第一部编年体通史，此书是具有"鉴于往事，有资于治道"之功的鸿篇巨制，是中国历史上极具价值的，关于政治、经济、军事以及历史人物评价的重要书籍。文中的智伯，亦名荀瑶，是春秋末期晋国执政大臣，因英勇无比，常被时人认为才干出众。但他狂妄自负，实际上是个无德之人。司马光认为作为人，德是统帅，是第一位的；才属于第二位，是辅佐德的。智伯虽勇猛无比，却好滥杀无辜，他的灭亡就是由于他有才无德造成的，而一般人往往不易分辨，认为凡是勇猛刚强都是好的。这与老子描写的"勇于敢"情形十分相似，属于有才无德的表现。"勇"代表着才能、才干；"敢"则指自负、刚强，一味地刚强则是失德的表现，结果是"则杀"。而且，有才无德之人是违背规律行事的人，早晚会受到天地的惩罚。有人说，有些坏人也没有受到应有的惩治，不还在逍遥法外吗？一些贪官不还在一直升官吗？这只是因为还没有到惩处他们的时候，我们要相信"天网恢恢，疏而不失"。

第七十四章　民不畏死

民不畏死，奈何以死惧之！若使民常畏死，而为奇^①者吾^②得执而杀之，孰敢？常有司杀者^③杀，夫代司杀者杀，是谓代大匠^④斫^⑤。夫代大匠斫者，希有^⑥不伤其手矣。

【注释】

①为奇：干坏事。为，做。奇，邪恶。

②吾：指统治者。

③司杀者：专职司刑人员，这里代指天、地。

④大匠：技术高超的工匠。

⑤斫：砍，削。

⑥希有：很少有。希，通"稀"，少。

【译文】

百姓不怕死，怎么能用死去威胁他们呢？如果百姓一直是怕死的，那么对于那些干坏事的，统治者就把他们抓起来杀掉，谁还敢干坏事？永远应该顺从自然，由天地去主宰生杀。代替天地去杀人，就好比代替技术高超的木工去砍削木头一样。代替技术高超的木工去砍削木头的，很少有不伤及自己手指的。

【解析】

《论语·宪问》中有一段记载：

南宫适问于孔子曰："羿善射，奡荡舟，俱不得其死然。禹、稷躬稼而有天下。"夫子不答。

南宫适出，子曰："君子哉若人！尚德哉若人！"

意思是说，一次，南宫问孔子："羿善于射箭，奡善于水战，最后都不得好死。禹和稷都亲自种植庄稼，却得到了天下。"孔子当时没有回答他，南宫适出去之后，孔子说："这个南宫适真是个重道德的君子啊！"孔子是古代圣人，他鄙视武力和权术，崇尚朴素和道德。羿、鲧都是古代"代司杀者杀"的人，凭借自身武力，恃强凌弱，最终都为手下所杀。相反，大禹为夏朝开国之君，善于治水，曾"三过家门而不入"，注重发展农业，是一位以德治天下，与黄帝并肩的贤圣帝王。后稷是帝舜时的农官，教民耕种，爱民如子。最后他们都受到人们的爱戴，被推举为首领。

本章的主旨是反对刑杀和滥施刑罚。老子一方面强调了依靠杀人的办法是治理不好国家的。另一方面指出，玩火者必自焚，嗜好杀人的统治者，到头来势必会杀到自己头上。隋大业十三年（617），李渊在晋阳起兵，同年十一月攻入长安。而隋炀帝杨广此时越发荒淫昏乱，他乘坐龙船，东巡扬州，每日以酒色取乐，但又时常揽镜自照，预感末日来临，对萧后和臣下说："我的好头颅，谁当斫之！"

第七十五章　贤于贵生

民之饥，以其上^①食税之多，是以饥。民之难治，以其上之有为^②，是以难治。民之轻死^③，以其求生之厚，是以轻死。夫唯无以生为^④者，是贤于^⑤贵生。

【注释】

①上：统治者。

②有为：指统治者好大喜功，胡作非为。

③轻死：指不重视自己生命去反抗统治者。

④无以生为：不把生命看得太重。

⑤贤于：胜过。

【译文】

百姓受饿,是因为统治者收税太多,所以受饿;百姓难以治理,是因为统治者好大喜功,胡作非为,所以难以治理。百姓冒死反抗,是因为统治者太爱惜自己的生命而奢靡享受,所以百姓不怕死。那些不一味去求长生的人,胜过那些贪求长命富贵的人。

【解析】

唐代大诗人白居易有首诗《观刈麦》,充分展现了广大劳动人民辛勤劳作而又忍饥挨饿的情景:

田家少闲月,五月人倍忙。

夜来南风起,小麦覆陇黄。

妇姑荷箪食,童稚携壶浆,

相随饷田去,丁壮在南冈。

足蒸暑土气,背灼炎天光,

力尽不知热,但惜夏日长。

复有贫妇人,抱子在其旁,

右手秉遗穗,左臂悬敝筐。

听其相顾言,闻者为悲伤:

家田输税尽,拾此充饥肠!

今我何功德，曾不事农桑。

吏禄三百石，岁晏有余粮。

念此私自愧，尽日不能忘。

这首诗比较长，是诗人白居易观看农民割麦时的情形有感而发的。他看到农民们双脚受到地面热气熏蒸，脊梁上烤晒着炽热的阳光，汗流浃背，却又仿佛感觉不到天气炎热，只期望夏日再延长点。又见一位贫苦妇女领着孩子，因为缴租纳税，家里的田地都已卖光，只好拾些麦穗充填饥肠。这些农民明明是大暑天在地里干活，早已筋疲力尽，竟感觉不到炎热，心里还指望老天把夏日延长，能多收粮食。因为就像这样拼命干活，也不够上交税粮，只怕还是会全家挨饿，由此产生了反常的表现。正如诗人在《卖炭翁》中描写的"可怜身上衣正单，心忧炭贱愿天寒"一样。这一切的根源都是"其上食税之多"，封建统治者为求长命百岁和膏粱厚味，过着奢华的生活，对劳动人民重赋苛敛，有些农民被逼得无地可耕，生活朝不保夕。

本章直截了当地指出封建统治者是给人民制造灾难、引起社会动荡不安的罪魁祸首。规劝统治者不要太看重自己的生命，以盘剥百姓为自己的贪求长生富贵服务。

但本章所述道理也同样适合于现代人的健康养生。

前些年，有一些人为了追求口腹之欲，流行食用发菜。发菜是一种藻类植物，可以打汤做菜食用，据说有补血的功效。一时间，市场上发菜供不应求。发菜多生长在不毛之地的戈壁滩上，因其色黑而细长，如人头发而得名。又因音同"发财"，故被商家大肆炒作。发菜主要产于内蒙古、宁夏、青海等地。由于利益驱使，当地人大量搂发菜，每搂 2 两发菜，需要搂 10 亩草场。因为搂发菜时，必须把发菜连同草皮一同掀起，发菜被取走了，草皮也完全被破坏了。再加上大量挖掘发菜的人群拥入草原后吃、住、烧、占等，给草原环境造成极大破坏。这些地区本来草原植被就已经受到大面积破坏，生态环境十分脆弱，一些珍稀物种不断灭绝。搂发菜的行为使草皮的固沙作用完全丧失，直接导致草原风灾和旱灾加重，沙尘暴加剧，对黄河中上游地区乃至全国环境安全都造成严重的影响。没想到，餐桌上一道小小的发菜羹，对人们的健康养生并未起到太大的作用，却带来这么严重的环境问题，甚至导致了一场"生态浩劫"！因此，我们要大力倡导"绿水青山，就是金山银山"的理念，牢记"没有买卖，就没有杀戮"这句话，做到像老子说的那样，"夫唯无以生为者，是贤于贵生"，从自身做起，拒绝吃发菜，崇尚简约的生活，为保护环境、保卫自然做贡献。

第七十六章　柔弱处上

　　人之生也柔弱，其死也坚强。万物草木之生也柔脆，其死也枯槁。故坚强者死之徒^①，柔弱者生之徒。是以兵强则不胜，木强则兵^②。强大处下，柔弱处上^③。

【注释】

①徒：通"途"，道路。

②兵：原指武器或军队，此处引申为砍伐。

③柔弱处上：指柔弱胜刚强的道理。

【译文】

　　人初生时是柔弱的，死后身体是僵硬的。万物草木初生时是柔软的，死后是枯槁的。所以追求刚强是条死路，保持柔弱才是生路。所以兵力强大了会骄横跋扈，导致失败甚至灭亡，树木强壮了就会被砍伐。坚硬庞大的东西总是处于下位，柔软微小的东西总是居于上位。

【解析】

要理解本章内容，我们可以先了解一下日本从崛起到失败的过程。19世纪中期，日本对外也施行"闭关锁国"的政策。由于帝国主义列强用坚船利炮敲开了日本大门，迫使其签订了一系列不平等条约，从此日本开始进行明治维新，由此正式进入资本主义社会。接着世界进入工业化时代，日本顺应工业化浪潮，改革政治，大力发展教育，强工兴军等。这次改革促使日本一跃成为亚洲第一个走上工业化道路的国家，逐渐跻身于世界强国之列。但是明治维新并不彻底，大量的封建残余思想得以保留，虽然日本综合国力迅速提升，但军国主义也应运而生，最终走上了对外侵略扩张的军国主义不归路。日本从崛起强盛到侵略彻底失败，验证了老子的"兵强则不胜，木强则兵"的道理，因此老子的这种认识是一种长远的、辩证的观点。因为任何事物一旦达到极盛点，都会向反面发展，而且这种极盛状态也为滥施暴力提供了条件，客观上加速了这种转化。日本二战时的覆灭可以有力地证明这一点。所以，老子多次告诫我们"大者宜为下"，无论是大国还是强国，都要学会"谦下"。

莫说人类，动物界亦是如此，有一个漫画《鼠门扩大之后》，说一个富贵家庭中蜗居了一窝老鼠，成年公鼠也是"勤勤恳恳"，经年累月地偷运主人家的粮食，创业之初也是"筚路蓝缕"。几年之后，这窝老鼠经过储备、积攒，变得财富有余，遂嫌所住洞穴矮小、黑暗。现在如此财大气粗，何不扩大门庭，装饰内间，以显富庶。成年公鼠在众小鼠的撺掇下，也踌躇满志起来，完全忘乎所以，着手扩大洞口，装点门楣。结果，家中捉鼠的猫正愁鼠洞太小，无法进身。这样一来，洞口大开，猫即跑入洞中，来了个满门抄斩。该漫画发人深省，这也进一步印证了老子的"坚强者死之徒"的论断。

老子说"木强则兵"，医学上认为骨质疏松是人易骨折的原因。现在，人们的生活水平不断提高，然而骨质疏松的人群却大幅增加，这是为什么呢？一是因为缺钙，中国人普遍对牛奶中的乳酸不耐受，不喝牛奶的人较多，这是缺钙的主要原因。其次是饮食不科学，认为吃得好就身体好，就不用补钙。这是一种误区，高糖、高盐、高油、饮酒、喝浓茶等饮食习惯，不仅不补钙，还会让人体的钙快速流失，所以应尽力避免；同时建议每天烹饪时要注意多选择一些高钙食品摄入，如豆制品等。如果不能喝牛奶或不愿喝，豆制品吃得也少，完全靠食物摄入钙肯定不够，必须口服钙片来补充一部分钙质。正常成人每天需要进食钙约 800 毫克，运动员、青春期少年和妊娠妇女等特殊人群每天需要 1000 毫克。二是因为缺乏运动，运动可以触发大量钙沉积在我们的骨质中，是预防骨质疏松的关键。三是因为晒太阳不够，特别是冬季，我们晒太阳的时间大大少于欧美国家的人，只有多晒太阳，体内产生的活性维生素 D_3 才够用。它是一个帮助钙吸收并储存到人体骨质中的必需激素，骨质有了充足的钙沉积，就不会发生疏松了。如果以上这三项做得不到位，就会出现骨质疏松，最容易发生骨折。当然，我们大力提倡多晒太阳，除了补钙，还可以促使体内某些激素升高，从而改善我们的心情，减少人患抑郁症的风险。但是，每件事物都有一个度，过犹不及，过度晒太阳会导致患皮肤癌的风险增加。由此可以看出，世间所有的事物，正如老子说的那样，"其无正？正复为奇，善复为妖"。

第七十七章　功成不处

天之道，其犹张弓与^①！高者抑之，下者举之；有馀者损之^②，不足者补之。天之道，损有馀而补不足。人之道则不然^③，损不足以奉有馀。孰能有馀^④以奉天下？唯有道者。是以圣人为而不恃，功成而不处，其不欲见贤^⑤。

【注释】

①犹张弓与：不是很像拉开弓弦吗？犹，像。张弓，拉开弓弦。与，语气词。

②有馀者损之：过长就减少。有馀者，指过长的弓弦。损之，减少它。

③然：这样。

④有馀：多余的财物。

⑤贤：品德，才能。

【译文】

天的运行规律不是很像拉开弓弦吗？高了就压低一点，低了就抬高一点；长了就减少一点，少了就补充一点。天的运行规律是减损有余的去补给不足的。人世间的规律可不一样，是减损不足的去奉献给有余的。谁能够把多余的财物奉献给天下人呢？只有圣人才会如此。因此，圣人帮助了万物而不依赖它们，功成而不居功，他们不愿表现自己的恩德和才能。

【解析】

老子所说的人之道与天之道不同，是"损不足以奉有馀"，这是因为人类社会有私有制的存在。老子生活的年代是春秋末年，属于奴隶社会与封建社会交替的时期，当然存在着私有制。马克思主义哲学认为，生产力的发展是产生私有制的原因。原始社会末期，生产力的不断增加和金属工具的发明，直接促进了相对剩余产品的出现，产品交换也初步形成。由于有强权者，包括部落酋长和君王，把过剩的产品纳为己有，这就导致了贫富分化，形成剥削。在这样的社会里，少数人拥有特权，建立国家机器，实现了少数人奴役大多数人的社会局面。大多数人处于吃不饱、穿不暖的"不足"状态；而少数人则无须劳作，便处于"有余"的状态。由于人类的本性是贪得无厌，所以就出现了"损不足以奉有余"的局面，也就是说越是穷人越要向富人提供财富，导致穷者愈穷、富者愈富。

而懂得规律的圣人则不然，能够做到"有余以奉天下"，帮助了天下人却不居功，不依赖它们，更不愿表现自己的恩德和才能，大有"功成不必在我"的豪气。《礼记·中庸》有段记载圣人品德的话：

仲尼祖述尧、舜，宪章文、武……万物并育而不相害，道并行而不相悖。小德川流，大德敦化。此天地之所以为大也。

意思是说：孔子阐述了古代贤王尧、舜的美德，效法周文王、周武王……他们辅佐万物生长发育而不伤害，天地道德同时运行而不妨碍。小德如江河流行，大道敦厚化育畅通无阻，这就是圣人德配天地的原因。

第七十八章　正言若反

　　天下莫柔弱于水，而攻坚强者莫之能胜①，其无以易之②。弱之胜强，柔之胜刚，天下莫不知，莫能行。是以圣人云，受国之垢③，是谓社稷④主；受国不祥，是为天下王。正言若反。

【注释】

①莫之能胜：莫能胜之，指没有能够胜过它的。

②无以易之：没有能够代替它的。无以，没有什么。易，代替。

③垢：屈辱。

④社稷：国家。社指土神，稷指谷神。

【译文】

天下最柔弱的东西莫过于水，然而攻击坚硬东西的力量没有能够胜过它的，也没有能够代替它的。弱胜强、柔胜刚的道理，天下没有人不懂，然而却没有人能够照着办。所以圣人说："能够承担国家的屈辱，这才算是天下的君主；能够承担国家的灾难，这才算是天下的君王。"这些正面的话听起来就像反话一样。

【解析】

关于"受国之垢，是谓社稷主"，可以看看《封神演义》第二十四回"渭水文王聘子牙"是如何描述的：

文王从散宜生之言，斋宿三日。至第四日，沐浴整衣，极其精诚。文王端坐銮舆，扛抬聘礼。文王摆列军马成行，前往磻溪，来迎子牙……

…………

文王带领众文武出郭，径往磻溪而来。

行至三十五里，早至林下。文王传旨："士卒暂在林外扎住，不必声扬，恐惊动贤士。"文王下马，同散宜生步行，入得林来，只见子牙背坐溪边。文王悄悄地行至跟前，立于子牙之后……

…………

宜生将聘礼摆开。子牙看了，速命童儿收讫。宜生将銮舆推过，请子牙登舆。子牙跪而告曰："老臣荷蒙洪恩，以礼相聘，尚已感激非浅，怎敢乘坐銮舆，越名僭分？这个断然不敢！"文王曰："孤预先相设，特迓先生，必然乘坐，不负素心。"子牙再三不敢，推阻数次，决不敢坐。宜生见子牙坚意不从，乃对文王曰："贤人既不乘舆，望主公从贤者之请，可将大王逍遥马请乘。主公乘舆。"王曰："若是如此，有失孤数日之虔敬也。"彼此又推让数番，文王方乘舆，子牙乘马。欢声载道，士马轩昂。

从这种生动的描述中我们可以看到，周文王位高权重，却能请贤人安坐，做到了礼贤下士。他请姜子牙出山，奠定周朝八百年国基。古有神农拜空桑，轩辕拜老彭，黄帝拜风后，汤拜伊尹，后有三国时刘备三顾茅庐拜诸葛，均是敬贤之礼。他们都做到了"受国之垢，是谓社稷主；受国不祥，是为天下王"，最后赢得了天下人的拥护和爱戴。

第七十九章　报怨以德

和大怨①，必有馀怨，安②可以为善？是以圣人执左契③，而不责④于人。有德司⑤契，无德司彻⑥。天道无亲，常与善人⑦。

【注释】

①和大怨：和解大的仇怨。

②安：怎么。

③左契：债权人讨债的凭据。

④责：讨债。

⑤司：主管。

⑥彻：周代的税法。

⑦常与善人：帮助按规律办事的人。与，帮助。善

人，指按照规律办事的人。

【译文】

即使和解大怨，也一定还有余怨，这怎么能算是尽善尽美呢？所以圣人即使握有讨债的凭据，也不会向人索取欠债。具有高尚品德的人就像上述握有凭据的圣人一样，从不为难别人；而品德低下的人就像主管税收的人一样，常常苛求于人。天的运行规律对谁也不偏爱，它总是帮助按照规律办事的人。

【解析】

关于"和大怨，必有馀怨"。且看《封神演义》第九十八回，周武王率众军攻入朝歌，纣王见大势已去，自去摘星楼自焚：

　　话说武王来至摘星楼，见余火尚存，烟焰未绝，烧得七狼八狈，也有无辜宫人遭在此劫，尚有余骸未尽，臭秽难闻。武王更觉心中不忍，忙吩咐军士："快将这些遗骸检出去埋葬，无令暴露。"因谓子牙曰："但不知纣王骸骨于何所？当另为检出，以礼安葬，不可使暴露于天地。你我为人臣者，此心何安！"子牙曰："纣王无道，人神共愤，今日自焚，实所以报之也。今大王以礼葬之，诚大王之仁耳。"子牙吩咐军士："检点遗骸，毋使混杂。须寻纣王骸骨，具衣衾棺椁，以天子之礼葬之。"

周武王真是天下仁德之君，灭不道纣王，可谓是"和大怨"，又封纣王之子武庚留商朝故地守土，以存商祀，可谓是不留余怨，商朝遗民无不感恩戴德。周武王才是按照天地自然规律办事的圣人，做到了垂拱而治，海内清平，万民乐业，功德不让尧舜，遂成周代八百年基业。

第八十章　小国寡民

　　小国寡民^①，使有什伯^②之器而不用，使民重死而不远徙^③。虽有舟舆^④，无所^⑤乘之；虽有甲兵^⑥，无所陈^⑦之；使人复结绳^⑧而用之。甘其食^⑨，美其服，安其居，乐其俗。邻国相望，鸡犬之声相闻，民至老死不相往来。

【注释】

①小国寡民：使国小，使民少。

②什伯：指十百，泛指众多。

③使民重死而不远徙：让百姓重视生命而不向远处搬迁。重死，重视生命。徙，搬迁。

④虽有舟舆：即使有车船。虽，即使。舆，车。

⑤无所：没有必要。

⑥甲兵：泛指武器装备。

⑦陈：陈列，引申为使用。

⑧结绳：远古没有文字，百姓用绳子打结的办法
　记事。

⑨甘其食：吃得香甜。

【译文】

国家要小，百姓要少，即使有众多器具也不使用它，使百姓看重生命而不随便搬迁。即使有车船，也没有必要去乘坐它们；即使有武器装备，也没有必要去使用它们；让人们重新使用结绳的方法去记事。让百姓吃得香甜，穿得漂亮，居住安适，过得快乐。邻国互相看得见，鸡犬之声互相听得见，而百姓直到老死也不相往来。

【解析】

本章老子为人们呈现了一幅"小国寡民"的理想国图卷，与晋代大诗人陶渊明所描绘的《桃花源记》中的情景极其相似，都是通过对"世外桃源"中安宁和乐、自由平等生活的描写，表现了作者追求美好生活的理想和对黑暗现实的否定。在本章中，老子所追求的这个社会代表的正是农民那种单纯朴实的愿望——过着日出而

作，日落而息，没有机诈，没有剥削，没有压迫的自耕自食的生活。它间接体现了老子的政治理想和政治主张。

"小国寡民"历来受到学界的批判。有学者认为老子所描绘的社会是生产力极其低下的原始社会，歌颂这种社会岂不是开历史的倒车？其实不然。这恰恰证明了老子作为伟大的哲学家，具有与时俱进的观念和思想。现在世界上国家无论大小，不管实施什么样的政治体制，一定都有社区（community）的概念，这是社会进步的标志。在社区里，人们彼此默契，相处得很和谐。实际上，老子描绘的"小国寡民"相当于现代人们生活的社区。

关于"使有什伯之器而不用"，"什伯之器"主要指兵器，有，但是不用，既然不用，为什么要有呢？当然要有，如果中国在1964年没有实验成功第一颗原子弹，一些国家可能就会找机会进行核讹诈，欺负我们。所以这叫备而不用。

关于"使民重死而不远徙"，老百姓都很爱惜自己的生命，不随便向远方迁徙。那有人说，现代社会不是提倡以四海为家吗？这只是看到了短期，没有长远观察。如果我们仔细观察一下，会发现很多人漂泊半生，到老最渴望的一件事便是回到故乡，这叫落叶归根。

关于"虽有舟舆，无所乘之"，有车有船，但是

"无所乘之"。你在一个城市待得好好的，没有必要乘车乘船去奔波。现在一个严重的问题就是"大城市病"，大量人口拥向大城市，使大城市拥挤不堪，造成很多麻烦。回过头来，再分析老子的几句话，是不是应该尽力缩小城乡差距，减轻"大城市病"，让很多人愿意回乡创业，服务家乡，而不必都挤到大城市中去拼杀。特别是智慧城市建设，网上办公、经商，线上线下互动，更有利于现代人在家中实现理想，成就一切。

关于"使人复结绳而用之"，老子真要大家回到结绳记事的原始状态吗？当然不是。"结绳而用之"就是指要过单纯朴素的生活。如果有机会，许多现代人都想回到古老的那种很简单朴素的生活中，一切追求简约，但简约并非简单粗略。我们已经发现，一些年轻人放弃好职位、高薪水，到乡下买一块地，或在美丽乡村租一套四合院，招一些志同道合的人，开"农家乐""书吧"等。他们不求赚太多钱，只愿意跟那些同道人互动，过着很惬意的生活。

关于"邻国相望"，就像我们现在住的小区，我在自己家窗前，就能看到对面楼下客厅几代人其乐融融的生活场景。你家小狗叫几声，我也能听到，这就叫"鸡犬之声相闻"。但是，"民至老死不相往来"，为什么？因为我要尊重你，你也要尊重我家的生活习惯，不要动不动就敲门打扰。这并不代表人与人之间的冷漠。有事情，大家还是出来一起商量，共同维护小区秩序；没事，就各自安居乐业，保持生活上的安宁，这也是现代大多数人的追求。因此，该往来的要往来，该尊重对方的时候要尊重别人的生活习惯，这是我们应该做的事情。尤其是人们都历经了 2020 年年初的疫情，中国之所以迅速有效地控制住疫情，为世界树立榜样，提供中国方案，与我们的社区实施有效的管控措施密不可分。疫情最严重时，人们真是做到了"不相往来"，而"不相往来"就是最好的保护自己和家人的措施，也为社会做出了贡献。

老子主张"邻国相望，鸡犬之声相闻，民至老死不相往来"，这在当时春秋战国时期也是有其深刻意义的：一是可以避免国与国之间的摩擦与战争。据《史记·楚世家》记载，吴楚两国就因为边境上的两家小儿争采桑叶而打了几次大仗。二是避免攀比心理。因为国与国之间在经济、政治等方面肯定会有差异，一旦交往，这种差异就不可避免地引来竞争，人类最难治的是只顾羡慕别人，不愿做回自己，心里不平衡，欲壑难填。这种攀比，导致国与国之间会轻率地发动战争，最终受苦的还是广大老百姓。

第八十一章　为而不争

信言①不美，美言不信；善者不辩②，辩者不善；知者不博③，博者不知。圣人不积，既以为人④，己愈有；既以与人，己愈多。天之道，利而不害。圣人之道，为而不争⑤。

【注释】

①信言：诚实的话。

②辩：巧言，巧辩。

③知者不博：真正了解的人不广博。

④既以为人：尽全力帮助别人。既，尽，全部。为，帮助。

⑤争：争夺。

【译文】

真话不好听，好听的话不是真话。善良的人不巧辩，巧辩的人不善良。真正了解的人不广博，广博的人不能深入了解。圣人不积藏，尽全力帮助别人，他自己反而更富有；把一切给予别人，他自己反而更丰裕。天的运行规律，是施利于万物而从不损害它们。圣人的处世原则，是只帮助别人而从不与人争夺。

【解析】

"不争"是老子处世的重要原则之一，道家视其为一种天道自然准则，它贯穿了全书。《礼记·中庸》中记载：

> 辟如天地之无不持载，无不覆帱；辟如四时之错行，如日月之代明。万物并育而不相害，道并行而不相悖。小德川流，大德敦化，此天地之所以为大也。

意思是说，天的运行规律是化育万物而不妨害，这就是天地之所以盛大的原因。而圣人依天道而行，从不与人争利，因此成为众人仰慕的圣人。在现实生活中，做到"不争"确实会避免一些灾难，人如果不争，就不会引起别人的反感。如果我们在职场中，面对一切事情善于掌握时机，顺应形势作为，做到大家都没有感觉到是我在做一样，就已经成功了，这也是一种"不争"。

"天之道，利而不害。圣人之道，为而不争"，这对我们是有很大启发的。自然规律就叫"天之道"，它是利物而无害的。"圣人之道"，就代表人间的道理，即多力行，少争取。让我们共同来遵守"天之道""圣人之道"，这对地球村的和谐及维护人类命运共同体一定会产生正面的、积极的、有价值的影响。

我们一直把老子看成一位伟大的、会做减法的哲学家。几千年来，他把中国人的思维引向简约、质朴，又能与时俱进，维持中华文明的勃勃生机。其实，人的健康长寿何尝不是如此，我们的一生常常被层层叠叠的、虚妄的欲望包围着，被过度的、错误的养生理念误导着。"文章千古事，得失寸心知"，有了手中此书清风雅雨般地指引，今天我们终于可以抬起头来，去仰望云端之上老子那平静而睿智的目光了。

参考文献

［1］安启念. 马克思主义哲学中国化研究［M］. 北京：中国人民大学出版社,2006.

［2］司马迁. 史记今注［M］. 张大可,注. 南京：凤凰出版社,2013.

［3］王锷.《礼记》成书考［M］. 北京：中华书局,2007.

［4］张松辉. 老子译注与解析［M］. 长沙：岳麓书社,2008.

［5］王觉仁. 神奇圣人王阳明.2［M］. 长沙：湖南文艺出版社,2014.

［6］王弼. 老子道德经注［M］. 楼宇烈,校释. 北京：中华书局,2011.

［7］思履. 图解传习录［M］. 北京：北京联合出版公司,2016.

[8]颜培金,王谦.大学·中庸[M].武汉:崇文书局,2007.

[9]蔡东潘.前汉通俗演义:全2册[M].北京:中国书籍出版社,2014.

[10]唐浩明.野焚[M].长沙:湖南文艺出版社,1991.

[11]《资治通鉴》编委会.资治通鉴:文白对照[M].北京:线装书局,2014.

[12]曾仕强.道德经的奥秘[M].西安:陕西师范大学出版总社有限公司,2012.

[13]刘固盛.论老子之善[N].光明日报,2009-07-06(12).

[14]王庆其.《黄帝内经》核心理念的思考[N].中国中医药报,2018-07-04(3).

[15]王碧辉,张玉修.跟着《黄帝内经》学养生[N].中国中医药报,2018-07-27(7).

[16]左秋明.回归自然理性的老子政治学[N].中国社会科学报,2017-07-04(2).

[17]李程.近代老学研究[D].武汉:华中师范大学,2007.

[18]邢文祥.老子管理哲学思想研究[D].保定:河北大学,2010.

[19]江赛民.老子道法自然思想及其现实意义[D].合肥:中国科学技术大学,2019.

［20］简欢跃.《老子》管理哲学研究［D］.长沙:湖南师范大学,2016.

［21］舒颖.老子的社会管理思想及其现实意义［D］.西宁:青海师范大学,2012.

［22］王秀.《老子》自然哲学思想伦理意蕴［D］.兰州:西北师范大学,2015.

［23］种杨."道法自然"与"自发秩序":老子与哈耶克政治哲学思想比较研究［D］.天津:天津师范大学,2009.

［24］刘洋.《黄帝内经》情志病因研究［D］.北京:中国中医科学院,2008.

［25］陈家旭.《黄帝内经》"治未病"理论研究［D］.北京:中国中医科学院,2008.

［26］陈曦.《黄帝内经》气化理论研究［D］.北京:中国中医科学院,2009.

［27］周琦.今古文经学对《内经》学术传承的影响［D］.北京:中国中医科学院,2010.

［28］潘大为.《内经》形神理论的多重结构［D］.广州:广州中医药大学,2008.

［29］申咏秋.《黄帝内经》医学人文精神研究［D］.北京:北京中医药大学,2007.